序　　言

迈克尔·哈默和詹姆斯·钱皮在20世纪90年代初出版了《企业再造——工商业革命宣言》一书，首次提出了颠覆式流程创新，在全球掀起了一场企业流程再造革命。

遗憾的是，大多数企业都缺乏变革准备，再造的成功率不到30%。于是，在1994年以后，企业为了降低变革风险，采取业务流程改进(BPI)的策略，用渐进式增量改进，取代了颠覆式再造。

无论BPI，还是精益管理、六西格玛、全面质量管理，本质上都属于增量改进，它们虽然带来了短期的变革收益，在组织内部也没有太多挑战，但是容易忽略外部环境变化带来的流程创新机会。尤其在数字化时代，新技术的应用给流程创新提供了更多的机会，这类由外而内的变革，通常伴随着业务模式的创新。

传统的业务流程管理(BPM)正面临一场变革，这是数字创新时代给BPM带来的挑战和机会。为了确保变革有序开展，我们需要突破格局和视野，了解全球业务流程管理的变革趋势。

相关权威机构在2018年的流程与绩效管理会议上，就流程管理的未来进行了研讨。首先谈到挑战，“由于敏捷性和采用新技术的需求，带来业务生态系统的快速变化，威胁着流程管理专业与业务的契合”；再谈到流程管理的变革驱动力，“业务环境的变化速度、丰富的数字化举措、需要关注以客户为中心的流程等”；最后强调流程管理专业人员要利用新技术成为企业的变革引擎。

当燕飞的新书书稿呈现在我面前时，我的内心是激动的，这是一本让人脑洞大开的书籍，涉及大量的全球流程管理前沿理论，兼顾了应用和学术的双重价值。

燕飞在本书中通过“创新”“窘境”和“应对”三个部分系统性阐述了数字化带来的变化、当前BPM的局限性，以及未来BPM的变革方向。

企业需要在运营和创新之间取得平衡，前者更关注建模、分析和优化，以获取增量收益，但这种收益会随着时间而衰减；后者是打破现有的模型，以取得突破性的收益。本书关于开发和探索的理论，很好地解决了这个平衡问题。

本书还谈到数字创新下的未来BPM，包括敏捷BPM、绿色BPM和客户流程管理（CPM）等，都是非常有价值的理论。燕飞以深厚的学术基础，为我们呈现了前沿的流程管理。

未来的流程管理一定是跨学科的。杰成合力科技作为一家流程数字化管理的创新企业，一直关注和同步全球流程管理趋势，除了广泛应用的EPROS（流程建模和流程资产管理平台），新发布的XPROS将大数据和人工智能融入流程管理，实现对流程的监控、分析和革新。燕飞的这本书，也为杰成的流程数字化管理创新，提供了很有价值的理论指引。

燕飞有全球化和跨学科的视野，既是开发型流程专家，又是探索型流程专家，期待未来有更多的著作出版。

本书对企业的各级管理者、流程管理专业人员、顾问、IT人员等开展流程管理工作，有很好的指导意义。

流程管理专家、杰成合力科技董事长　陈志强博士

2022年3月

数字化转型

重塑业务流程管理

张燕飞◎著

DIGITAL TRANSFORMATION

中国铁道出版社有限公司
CHINA RAILWAY PUBLISHING HOUSE CO., LTD.

图书在版编目(CIP)数据

数字化转型:重塑业务流程管理/张燕飞著.—北京:中国铁道出版社有限公司,2022.11

ISBN 978-7-113-29315-4

Ⅰ.①数… Ⅱ.①张… Ⅲ.①企业管理系统 Ⅳ.①F272.7

中国版本图书馆CIP数据核字(2022)第111674号

书　　名: 数字化转型:重塑业务流程管理
SHUZIHUA ZHUANXING:CHONGSU YEWU LIUCHENG GUANLI

作　　者: 张燕飞

责任编辑: 马慧君　　**编辑部电话:**(010)51873005　　**电子邮箱:** zzmhj1030@163.com

封面设计: 宿　萌

责任校对: 安海燕

责任印制: 赵星辰

出版发行: 中国铁道出版社有限公司(100054,北京市西城区右安门西街8号)

网　　址: http://www.tdpress.com

印　　刷: 三河市航远印刷有限公司

版　　次: 2022年11月第1版　2022年11月第1次印刷

开　　本: 710 mm×1 000 mm 1/16　**印张:** 16　**字数:** 205千

书　　号: ISBN 978-7-113-29315-4

定　　价: 68.00元

前　言

对于很多企业来说，转型会破坏稳定，总是令人不安的。但重要的是，我们首先要将数字化技术视为经济和社会改进过程中机遇与挑战并存的事情。著名战略学者迈克尔·波特总结了从20世纪60年代以来IT技术带来的三次浪潮。前两次IT浪潮促进了生产率的提升和经济的飞速发展，目前我们正经历的第三次IT浪潮，不仅仅是价值链发生了变化，连产品本身都受到深刻冲击。所以，第三次IT浪潮的规模有可能超越前两次，激发更多创新，实现更大的生产率提升和经济发展。今天我们生活在一个数字世界，正在见证第三次IT浪潮带来的改变。

数字创新被视为新的产品、新的流程或新的商业模式的出现，企业实现数字化转型，必须在相应的战略、流程、服务、产品和组织结构上做出改变。虽然大部分认可流程管理的组织已经把业务流程管理作为整体运营的方法，并给企业带来价值，但数字化的转型和部署给企业带来了新的挑战。本质上，创新与运营从属于不同的领域和知识体系，前者采用由外而内的逻辑和方法，后者采用由内而外的逻辑和方法，它们在企业"阴"和"阳"两个剖面各司其职并带来不同的价值和效果。例如，运营关注开发能力而创新关注探索能力，运营聚焦解决问题而创新聚焦机会洞察。在变化越来越频繁的数字化时代，组织开始变得无边界，企业内部运营和创新的边界也开始变得模糊，甚至融为一体。所以企业在这样的困境之下，可以想到的解决方式是重新审视和发展企业运营体系，重新审视和发展业务流程管理体系，并在必要时实施业务流程运营管理的自我改造和变革，使其成为数字化创新时代企业转型的基石。

数字化创新时代，业务流程管理必须真正关注外部实时发生的动态变化，并能够对这种变化做出比以往更快的响应；必须真正关注客户的需求，让客户参与业务流程设计。在新兴技术的支持下，极致的客户体验已经不再遥远。业务流程管理除了关注企业稳定运营、提效降本的老本事，还必须具备支持不稳定业务的新本事。所有这一切，得益于数字化新兴技术带来的机会和挑战，这个过程正如第一次工业革命、第二次电力革命和第三次信息化革命带来的机会和挑战一样，这些变化不是由时尚驱动的，而是反映技术根本性变化的必要性。我们要做的就是积极主动地正视数字化带来的改变，用辩证的观点发展甚至重塑业务流程运营。

本书分为“创新”、“窘境”和“应对”三个部分，循序渐进地展开上面的故事。

第一部分“创新”。这部分突出了数字化技术给人们的生活和工作带来的深刻变化。例如，工业4.0、智能制造、人机共存的工作模式，仿生企业的愿景，极致体验的元宇宙，文明城市和数字城市的协同发展，这些变化涉及社会、行业、企业和个人，这样的变化每天都在发生，有些变化甚至会突破我们的想象。所以，企业需要认真思考如何应对这样的挑战和机遇，如何实施数字化转型应对数字化时代的来临。

第二部分“窘境”。这部分分析了业务流程管理作为企业整体运营方式面临的传统信任困境，以及在数字化新的游戏规则下出现的新两难困境。在这样的十字路口，业务流程管理应该何去何从？数字化时代是否开创了业务流程管理新的发展范式？

第三部分“应对”。这部分给出未来业务流程管理的发展趋势和部分解决方案。未来的业务流程管理更加关注企业价值，更能快速捕捉客户需求和应对流程快速变化，需要在企业运营和创新的连续性之间实现平衡。在这部分，我们可以看到社会、行业、企业中出现的新要求和新趋势，例如，业务价值流程管理、绿色业务流程管理、新精益管理、敏捷业务流程管理、客户流程管理和二元业务流程管理等。我们可以判断，不管是何种价值观驱动的业务流程管理，未来业务流程管理的重要变化点是需要老本事和新本事共存共生。换句话说，企业的流程管理既需要支持企业稳定运营、提效降本的老本事，还需要能够支持不稳定业务的新本事。

张燕飞

2022 年 3 月

目　　录

第二部分　窘境:数字化带来新的游戏规则

第三部分　应对：作为价值接力棒的创新潜力

第一部分

创新:数字时代的来临,你准备好了吗

“古老的民族工业被消灭了,并且每天都还在被消灭。它们被新的工业排挤掉了……它们的产品不仅供本国消费,而且同时供世界各地消费。旧的、靠本国产品来满足的需要,被新的、要靠极其遥远的国家和地带的产品来满足的需要所代替了。”

以上来自马克思和恩格斯在 1848 年出版的《共产党宣言》。这是在提醒我们创新的挑战并不是现在才有的。为了生存和发展,组织不得不改变它们的产品和服务,以及生产和销售方式,今天发生的数字创新和变革也不例外。

第1章

数字时代突破想象

正如许多科幻影视如《星球大战》《头号玩家》《流浪地球》等体现的，人工智能、大数据分析、机器学习、区块链、物联网、虚拟技术等数字技术正在与我们的生活交织缠绕。未来我们的社会、商业、生活，乃至整个世界会变得无比精彩、无法想象，而且这样的变化每天都发生在我们身边，每天都在被我们见证。当然，数字技术也带来社会伦理和法律的挑战，如《黑镜》中演绎的各种情景，也让我们对数字科技带来的负面影响进行深入反思。不管是数字技术带来的积极影响，还是对负面的思考，都是我们这个时代需要承受和参与解决的。我们应该知道，不仅仅是今天的数字科技，人类科技的发展一直都在上演，过去、现在、未来从来没有停歇过。

1.1 预测:站在现在

1.1.1 数字化时代的变化

数字技术对经济和社会的渗透被称为数字化，这是一种全球现象，它带来一个机会丰富、高度互联、快速移动和高度竞争的环境。数字技术极大地影响了我们的私人生活和工作实践，今天的我们都生活在一个数字世界中。从运动手表到智能电话，从汽车到飞机，从商业建筑到居家场所，我们工作和日常生活中使用的物件都开始具有数字功能，这些数字功能为这些物件注入了不同的意义。我们的物理世界正被一个数字层包围，该层建立在普及和可访问的计算机、宽带网络和移动数字设备等基础设备设施之上。通过智能互联产品、在线社交网络和可穿戴设备的普及，创新型数字设备为越来越多的人带来了不同于过去的体验。目前，数字设备的数量超过了人类的数量，有 200 多亿台设备连接在一起，有 500 多亿个传感器跟踪监控这些设备并向我们提供数据①。数字设备无处不在，它们似乎正在改变我们的一切，数字业务已经开始主导我们的经济。

数字时代为所有产品带来革命性巨变。战略管理学者波特在《物联网时代的企业竞争战略》中指出，原先单纯由机械和电子部件组成的产品，现在已进化为各种复杂的超级系统，硬件、传感器、数据储存装置、微处理器和软件，它们正以多种多样的方式组成新的产品。借助计算能力和迷你化装置技术的重大突破，这些智能互联产品将开启一个企业竞争的新时代。智能互联产品不但性能更强、可靠性更佳、利用率更高，而且能提供跨界乃至超越传统产品的新功能，形成超级系统，它们带来的机遇将帮助企业实现指数级增长。这些截然不同的产品将颠覆现有的企业价值链，迫使企业重新思考自身的方方面面，甚至重构组织架构。智能互联产品还将改变现有的产业结构和竞争本质，现有的行业版图将被重塑，全新的行业将会诞生。智能互联产品将迫使很多企业自问一个最基本的问题：我们从事的业务到底是什么？

让我们来看看互联网出行平台的例子，高德打车。高德打车提供的是

①数据来源：欧洲信息系统期刊，2020，https://www.tandfonline.com/loi/tjis20。

聚合打车服务，它基于高德地图的全新一站式公共出行服务平台，接入了众多其他服务平台，在全国范围内，提供出租车和经济、舒适、商务、豪华等多种车型，以及即时打车、预约、接送机、代叫车等多种场景服务。显然，网约车模式改变了中国的出租车行业，它通过移动应用 App 为乘客和司机建立桥梁，并实现提供用车的服务。对消费者而言，只需要一个 App，就能找到不同的平台、不同的车，而且还能得到平台上的打折优惠，让他们体验的服务更加优质。实际上，多数人都觉得网约车服务便捷周到。例如，乘客只需在智能手机上轻点几下，就可以预约车辆，无须现金支付，方便快捷；乘客在乘车后还能进行打分，保证了服务的高水准。此外，网约车服务可靠且准时，价格颇具竞争力。正如传统企业面临来自创新威胁时通常的反应一样，出租车行业也在利用有竞争力的数字技术来迎接挑战。

另一个是酒店行业的例子。随着消费人群、出行时间和消费习惯等方面发生的变化，新的住宿模式正在涌现。平台共享模式给传统酒店带来了冲击。与传统酒店相比，在线短租的商业模式吸引着越来越多的人选择。人们可以通过网络和手机在线搜索、预定房屋信息，房客在线支付租金，再到线下入住房屋。其核心是不再局限于一家酒店，而是聚集众多房东房源，实现在线预订、支付，然后到线下入住的体验。在国外爱彼迎是这种在线短租平台模式的翘楚，国内的途家网也是这类共享平台模式的典型代表。虽然途家网满足的是和传统酒店类似的消费者需求，但它却是一家完全不同的企业。传统酒店拥有并自行管理酒店，员工分布于不同的分支机构中，拥有独立的业务部门和职能，配备了各自的信息技术、数据和组织结构，致力于创造和提供客户体验。然而，在线短租平台则采取了截然不同的方法：它的核心功能是通过平台将用户与房东、房源信息相匹配，这些房东拥有可供短租的独特房屋或房间。在此过程中，平台会积累客户数据，对其进行挖掘以获取洞见，并生成预测模型来为关键决策提供信息。与传统的酒店业竞争对手相比，在线短租模式通常能够以更少的员工为客户提供更加卓越的体验，它是建立在一个综合的数字基础上的新组织浪潮的代表。

以上案例是我们在数字化时代创新的代表。同理，每次我们使用搜索引擎，或者登录淘宝、京东网站购买商品时都会发生同样的现象，这些企业不是依靠工人、经理、流程工程师、主管和客户服务代表操作的传统业务流程，而是通过软件和算法实现价值。虽然系统是由人设计的，但计算机完成了以下工作：生成搜索结果、设定价格、识别和推荐产品。这一现实定义了一种新型的数字企业，它们以数据和人工智能为核心，将人力推向辅助。新老竞争对手都必须转向更注重数据、人工智能和数字网络的运营，而且向数字化运营模式的转变会变得越来越普遍。

上述的案例也表明，目前行业正在形成日益融合的生态系统。过去消费品和零售行业、汽车行业、物流行业、金融服务行业、媒体电信行业都是聚焦自己的产品、服务同客户市场互不相干。但是现在我们可以想象的是，汽车行业和金融服务行业融合形成高德打车，媒体电信行业和金融服务融合形成微信，而这些行业的全融合定位了百度、阿里巴巴、苹果和亚马逊这样的企业。整个行业在颠覆，规模再大的企业都有可能失败。

在数字化故事中经常被忽视的是，数字创新不仅与基础设施、平台、设备等有关，还与它们促进的过程或者流程有关。数字创新可以采取新技术的形式释放全新的生产能力和创造能力，换句话说，数字创新不仅创造出新产品、新服务挑战我们看待和理解世界的方式，还可以改变我们各行各业做事情的过程。例如，在重工业，施耐德公司的电梯技术可将电梯等待时间缩短 50%，该技术可以判断电梯的使用状态，计算到达目的楼层的最快时间，并“指派”最合适的轿厢快速运送客人。在能源领域，ABB 公司的智能电网可以对发电、变压和输电设备产生的大量数据进行分析，公共设施可以通过这些数据预测可能的过载现象，在断电前及时调整。在消费电子领域，由必爱风公司设计的智能吊扇，能够通过手机 App 进行远程控制，持续监测房间的温度和湿度，控制风扇马达的转速，使用户感到舒适；还可以记录用户的偏好，并进行相应的调整；同时能够预测用户的行为，在用户离开或者进入房间时能够自动打开和关闭风扇。

1.1.2 数字时代的冲击

在数字时代，整个传统企业都受到来自高度可扩展的数据驱动型企业的冲击，这类企业的运营模式是利用网络效应创造价值。与传统模型相比，数字模型具有固有的优势。例如，途家网的运营模式可以利用其平台的网络效应，以及通过其数据集成和人工智能系统的学习效果，快速提高运营规模、范围和学习能力。传统酒店的发展和应对能力受到固有运营约束的限制，而途家网将内部流程数字化，并在企业边界之外建立联系，以构建旅游服务生态系统。在可持续的基础上，可以挖掘数据以获得新客户、确定旅行者需求、优化体验、运行实验仿真和分析风险敞口；在此过程中，它可以积累更多关于主人和旅行者的数据，并利用人工智能和机器学习获得新的见解。除住宿服务外，途家网还给房东提供标准的房屋管家服务，在房东、房屋、租客和平台的运营中实现其生态系统。

数字企业与传统企业之间的冲突表明，当一种新的运营模式满足用户需求时会发生什么情况，这种模式将一些最关键的任务数字化以实现价值。在旅游业，顾客的需求没有改变，旅行者仍然需要住宿和体验。但与连锁酒店不同，途家网的系统可以满足这些需求，而无须大量的酒店经理和销售人员，也无须烦琐的劳动或管理密集型操作流程。在很多方面，途家网就像软件企业一样，它为旅游业提供了一个软件层，实际上起着操作系统的作用。这样做的目的是将传统的运营瓶颈推到组织之外，消除它对自身可扩展性、范围和学习潜力的限制，极大地塑造向客户提供价值的能力。传统企业可以迅速扩大规模，但往往由于规模过大而发生问题，在价值创造过程中会遇到收益递减的情况。企业面临以人为中心的管理流程和行政惯性的规模不经济，这会减缓增长。如果这些企业不小心，可能导致更糟糕的结果。

数字运营模式突破传统运营的规模限制，具有指数级的竞争效应。例如，阿里巴巴的支付宝应用程序可以扩展几乎无限多的用户，链接大量互补业务，并随着体验升级和更多用户而变得更好，因为它们不会受到任何规模不经济的影响。采用传统运营模式的企业，随着其规模的扩大和客户数量的增加，收益会不断减少；但采用数字运营模式的企业，规模收益会不断增加。当传统运营模式和数字运营模式的价值曲线相交时，就会发生冲突，如图 1-1 所示。尽管没有什么东西会永远增长，但数字运营模式的规模潜力似乎是无限的。事实上，一些数字运营模式的增长只有通过灾难性的失败才能放缓，例如大规模隐私丑闻或网络安全漏洞，或者对市场垄断和消费者数据保护监管的失误。随着数字运营模式带来更多价值，留给传统企业的价值捕获空间缩小，使得传统企业越来越难以维持产品盈利。

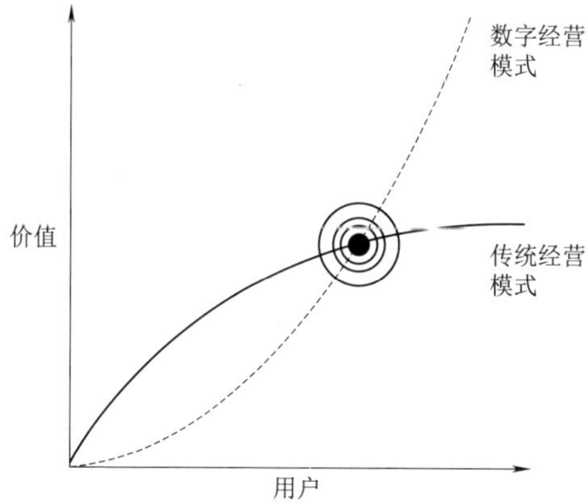

图 1-1　传统经营模式与数字经营模式的增长规模分析

来源：《从颠覆到冲击：新的竞争态势》，2020

百度、腾讯、亚马逊的例子展示了人工智能、学习和网络效应如何携手并进，在一系列自我强化的循环中构建快速增长的价值主张。随着运营模式发展出更多的联系，也造就了生成和积累数据的新机会。随着数据的增多，提供更好服务的机会也越来越多，第三方也有了更大的参与动机，这反过来又增加了学习的潜力，并增强了网络效应。一般来说，网络越大，生成的数据越多；算法越好，所能提供的价值也越高。在数字时代，学习效果和网络效果可以共同推动价值。

数字时代出现的很多企业看起来或经营行为都不像传统企业，它们都像软件企业，以新的、更具可扩展性的方式满足客户需求。此外，它们不以任何方式受传统行业边界的限制。这样的变化不仅仅是引进技术创新、改造商业模式或改变客户价值主张，而是一种完全不同的企业的出现。因此，仅剥离一项在线业务或创建一个数字业务部门是无法实现自我保护规避数字化带来的冲突的，它要求重新构建业务核心，改变组织的工作方式，收集和使用数据，对信息做出反应，做出运营决策和执行运营任务。最终，它需要重建操作模型，让软件做许多工人过去可能做过的事情。数字化运营模式将利用其在数据、分析和人工智能方面的通用能力，以及产生网络和学习效果的能力，扩大与客户互动的范围和深度。然而，随着利用规模、范围和学习优势取得成功，数字化运营模式也带来许多新问题，其中包括：保护隐私、算法偏见、网络安全等。

随着新一代企业与传统企业的较量，它正在定义一个新时代并改变我们的经济。上一次我们看到如此巨大的变化是在一个多世纪以前，像通用电气这样的行业领袖长期保持着强大的市场地位。如今，新的领导企业正在以截然不同的经营结构出现，它们以不同的方式创造和获取价值，正在重新塑造我们周围的世界。

近几年，咨询企业对目前企业面临的数字化转型都提出了自己独到的见解，见表 1-1。数字化转型涉及企业的各个方面，它是一项系统工程。商业和技术的数字化为企业数字转型的根本性变化奠定了基础。如何应对数字时代的考验，实现运用数字标准解决业务、管理、运营和治理的问题对于企业数字化转型的成功至关重要。所以，组织的数字化领导者正在推进一个前所未有的创新工程，那就是在已有的组织管理模式、工程模式的基础上用数字技术重塑企业蓝图。作为被推向风口浪尖的时代热词，数字化转型这个工程已经升级到企业战略层面，在分步实施的基础上强调灵活的整体设计、整体把控，并需要实现战略、业务和 IT 的同步转型。在竞争日益激烈的数字化能力赛道，企业数字化转型不仅是时髦的议题，更需要企业管理者认真思考后采取行动。

表 1-1　管理咨询公司发布的数字化转型报告概览

咨询公司	数字化转型研究报告	发布年份
埃森哲(Accenture)	数字化转型：从外到内的重新想象	2014
	产业数字化转型世界经济论坛白皮书	2016
	社会和产业：行业的数字化转型让数字变得神秘，2025 年为社会和行业获得 100 万亿美元	2016
	加速数字化转型	2018
	中国企业数字转型指数	2021
波士顿(BCG)	数字化紧迫感	2015
	数字化 CRO	2018
	驱动转型的数字化战略路标	2020
	数字化转型的演进状态	2020

续表

咨询公司	数字化转型研究报告	发布年份
凯捷(Capgemini)	加速数字化转型:理解和设置一个数字化服务单元	2013
	数字力量的变革	2017
	数字化转型回顾	2019
麦肯锡(McKinsey)	关系数字化转型的 7 个决策	2017
	数字化转型的路标	2017
	数字化转型:改进成功的概率	2019
高德纳(Gartner)	通过商业架构景观的设计改善数字商业	2019
	数字化业务转型的 IT 路线图	2020
	如何创建有效的数字 KPI	2018
德勤(Deloitte)	从数据到知识,知识中台赋能企业智能化升级	2020
	2020 中国企业数字转型指数研究	2020
普华永道(PwC)	新形势下,企业如何进行数字化转型	2020
IBM	中国智慧企业转型升级蓝图	2020

1.2 机器人对超人:智能制造

1.2.1 工业 4.0

最近,一种技术范式的转变正在制造业企业中发生:工业 4.0。工业 4.0及其相关技术越来越被认为是提高制造企业生产率的关键。企业可以通过利用产品、机器、供应链和客户之间的互联互通，并利用系统不断增长的决策能力，提高其敏捷性和盈利能力；也可以通过关注机器和对象之间的即时通信，使制造系统更灵活地适应产品变化，并对意外事件做出更快速响应。在工业 4.0 下，企业还可以通过使用物联网、网络物理系统和云计算等，实现以前无法达到的运营性能水平。我们看到，不同政府都在推动制造企业进行重大的技术转移，例如欧洲的未来工厂。此外，咨询公司也指出这些新技术将给工业企业带来机会，而且进一步指出，企业必须在一个根本性变革的框架内采取行动，才能继续经营下去。不幸的是，政策提供的仅仅是指导，咨询公司提出的是方向和可能性，这些都不是针对每个组织制定的具体解决方案和管理程序。

我们已经进入工业革命的 4.0 阶段，前三次工业革命类型分别是：机械化生产、分工和流水线作业、电子和自动化生产，如图 1-2 所示。工业 4.0 是德国政府在 2013 年汉诺威工业博览会①上提出的一个概念，它代表了政府对经济持续数字化的支持及对组织绩效和经济财富重要性的关注，这一官方支持为那些具有工业背景的组织带来了未来的期望。在智能工厂、物联网、智能制造、云计算、大数据、机器对机器通信等技术概念的背后，新的元素和趋势影响着既有经济。工业 4.0 告知我们，传统制造业的商业模式正在改变，新的模式正在出现。

尽管全世界都对工业 4.0 的概念非常感兴趣，但还没有一个正式的定义。“复杂物理机械、设备与网络传感器和软件的集成，用于预测、控制和规划更好的业务结果”“产品生命周期中价值链组织和管理的新水平”“价值链

①汉诺威工业博览会（HANNOVER MESSE）始创于 1947 年 8 月，经过半个多世纪的不断发展与完善，已成为当今规模最大的国际工业盛会，被认为是联系全世界技术领域和商业领域的重要国际活动。

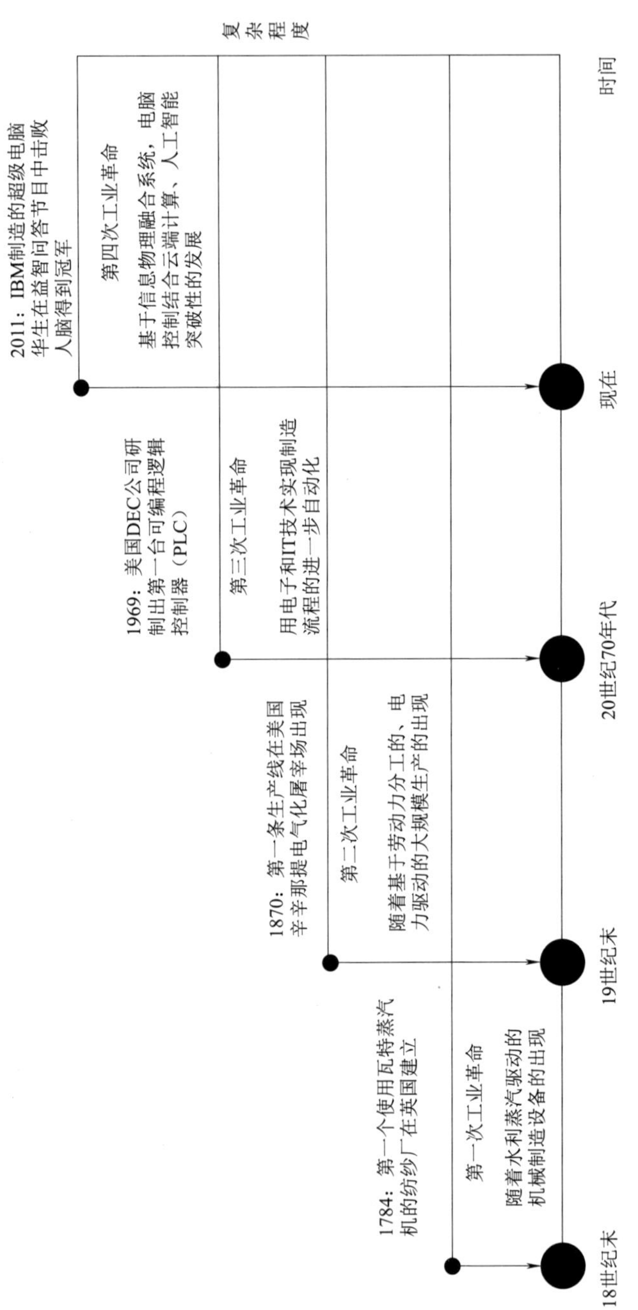

图 1-2　工业革命历程

来源：《工业 4.0 概念、技术及演进案例》，2019

组织技术和概念的集合术语""旨在改进流程、产品和服务的计划，可实现基于实时数据采集的分散决策"，这些都是对工业 4.0 定义的描述。尽管各种定义不尽相同，但工业 4.0 的通用特点是使用智能产品和流程，实现自主数据收集和分析，以及产品、流程、供应商和客户之间通过互联网进行交互。可见，工业 4.0 中的技术是实现通信、灵活性和实时性原则的手段。相关的权威机构研究确定了与工业 4.0 相关的九项主要技术：自主机器人、模拟仿真、系统水平和垂直集成、物联网、云、附加制造、增强现实、大数据、网络安全。结合波士顿咨询的研究成果，参考相关文献，工业 4.0 涉及的主要技术如图 1-3 所示。这几年工业 4.0 技术不断扩增，工业 4.0 概念提出的每项技术都改善了生产的诸多方面，包括运营计划、设备维护和库存管理等。

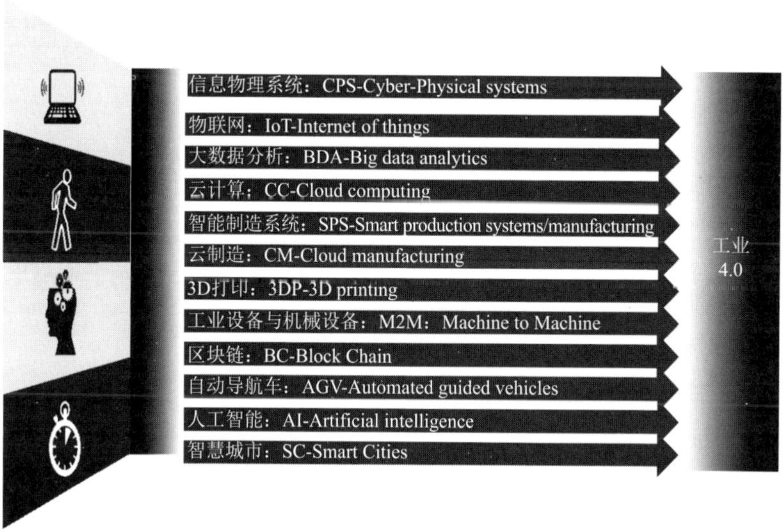

图 1-3 工业 4.0 主要技术元素组成

来源：《智能生产系统推动业务流程管理改进综合框架》

因此，工业 4.0 的概念可以被视为未来具有竞争力的战略，侧重于由自主控制和动态生产而生成的价值链优化，它包括设计和实施具有竞争力的产品和服务、强大而灵活的管理物流和生产系统。工业 4.0 的进程包括机器自动化、设备连接数据获取、流程可视化、生产过程优化和质量控制、大数据分析和预测性维护、业务模式创新等多个阶段。为了实现更高的自动化，信息物理系统①的技术可用于自主工作，并通过微控制器、执行器、传感器和通信接口与生产环境进行交互。调查结果显示，工业 4.0 转型需要基于 IT 现代技术的组织整合和价值链的数字化转型。然而，小型制造企业的工业 4.0 转型可以从支持组织核心战略的特定运营领域的数字化开始。特别值得提出的是，精益数字化制造系统的开发是企业在工业4.0环境下生存的可行商业战略。所以，制造企业的工业 4.0 过渡应与其组织、运营和技术特点匹配，这意味着成功的工业 4.0 转型的战略计划对每个特定制造企业来说都是独特的。我们还需要知道的是，制造业数字化还具有深刻的社会影响，因为它不仅改变了组织间和组织内的关系，而且还会导致低技能劳动力难以再就业，并引发数据安全和隐私问题。

虽然工业 4.0 系统的复杂性在不断增长，但潜力巨大，总结其潜力参考如下：

(1)通过提供专业的行业特定解决方案和对客户个性化需求的理解，企业即使是在生产一次性产品，生产量非常小的情况下，仍能获得利润；

(2)通过业务流程的动态结构，即质量、效率、风险、可靠性和生态友好性，实现对需求变化或价值链故障的调整，提高竞争力和灵活性；

(3)通过端到端的实时可视性优化决策；

(4)提高资源生产率和效率；

---

①信息物理系统(CPS，Cyber-Physical Systems)是一个综合计算、网络和物理环境的多维复杂系统，通过 3C(Computation、Communication、Control)技术的有机融合与深度协作，实现大型工程系统的实时感知、动态控制和信息服务。CPS 实现计算、通信与物理系统的一体化设计，可使系统更加可靠、高效、实时协同，具有重要而广泛的应用前景。

(5)增加价值机会,即创新服务、新的就业形式、中小企业和初创企业的发展机会;

(6)让有生产力员工的职业道路多样化,实现更灵活的工作和生活平衡;

(7)能源成本降低,个人成本降低。

1.2.2　智能制造

回顾制造模式的发展历史,其变革过程经历了关注成本的大规模生产、关注质量的精益制造、以计算机驱动的关注品种的柔性制造,今天已经进入以人工智能和大数据驱动的智能制造。从多种类、小批量的手工作坊式服务少数人的汽车生产模式,到福特的少品种、大批量、标准化的服务大众的汽车产品,再后来,为了提高单种产品的产量,出现了流水线批量化生产,这是汽车企业的工业演变过程。单种产品的生产模式注定满足不了人们丰富的个性化需求,此时,柔性化的批量生产出现了。柔性的要求是企业需要在产品种类和单种产品产量之间做出权衡。随着信息技术的出现,使得多品种、大批量、标准化、平台化、模块化与大众化并存的产品成为可能,出现了几种生产模式的并存,有研究指出,目前个性化定制生产与批量生产的成本可以做到持平。

工业革命一直以来不变的主题是制造的高效率、高质量和低成本。制造系统通常面临的三个传统挑战包括:市场变动性、过程浪费和设备刚性。变动性导致生产的长等待时间和客户损失,需要具备额外的产能来应对,企业对于变动性的措施要么缓冲要么忍受;过程浪费是大家熟知的精益生产提出的七大浪费,另外供应与需求的不匹配导致额外成本的增加,也会造成诸如客户等待、设备等待等浪费;刚性是由生产设备、场地等决定的。数字技术下的智能制造能够很大程度缓解或者降低这三类挑战,智能制造的新体系利用数据和软件进行重构，通过平台和网络支撑实现增值服务，它通过业务过程的实时、透明、互联和可追溯性应对这些变化和浪费。在智能制造新的生产模式下，传统的生产关系和生产工具发生了变化。数据驱动的产品设计改变了生产主体，以前企业是生产者，现在变为企业和消费者共同生产，例如定制化生产中消费者变为产销者；软件定义的产品从功能产品变为智能互联产品，回答了生产什么的问题，例如无人汽车；信息物理网络系统和物联网的平台支撑实现了传统能量设备和智能工具的结合，例如数控机床、智能机器人，这是生产工具的变化；传统的生产通过试产试错的模式进行，智能制造通过模拟择优的方式进行，实现实体制造和虚拟制造的融合，例如虚拟仿真、数字孪生，这是生产过程的变化。传统的制造在工厂里实现集中制造，数字化生产开始以分散制造为主，例如网络化制造、分享制造，生产的物理位置也在发生变化。以上所有的变化都涉及生产模式的转变。

从四次工业革命的进程来看，IT 的每一次重大创新都为制造业带来新的变革。从计算机作为制造的辅助工具，到计算机、软件与制造技术的集成，使得生产自动化不断提升。进一步，信息和通信技术与产业链的全面融合，使得制造外延和生产模式发生了全面变革。在制造过程中，我们可以说有两种性质的自动化：一种是看得见的自动化，生产装备的自动化；一种是看不见的自动化，数据流动的自动化。两种自动化结合就可以实现数据收集、分析、应用的价值发挥。智能制造涉及的生产模式转型代表着制造过程从传统人际信任转变为数据信任，从经验决策变为数据和算法的决策，这些决策贯穿研发、生产、销售、服务全过程，代表了工具革命到决策革命的转变。智能制造的本质是数据和算法带来的新的生产模式，最关键的是大数据分析，这些数据包括产品相关的数据，企业的主数据、运营数据、交易数据，供应商、分销商、客户等数据，以及企业外部数据等，并会渗透企业运营、价值链、产品的整个生命周期。物联网和传感器收集的机器数据、信息系统数据和产品模型数据通过数据模型、工业软件、云技术等设计部署算法，被封装成具有各种功能的工业 App，这些功能在数据算法的驱动下可以描述、诊断、预测和决策业务行为，实现生产过程优化、全生命周期服务和制造资源配置。所以，通过互联互通的技术，这些数据的价值将发挥比以往更大的效力。

另外，我们需要清楚的是，数字化不等于信息化，数字化涉及社交、移动、分析、云和物联网等技术的融合，具有实时生成性、可延展性和组合性。许多数字技术涉及更广泛的生态系统和需求，而不仅仅关注企业内部系统。数字化带来的变化要大于基于 IT 转型带来的变更，需要重新定义企业的价值主张。传统的 IT 技术转型只是支持了原有的价值主张，数字技术驱动的新 IT 是企业数字化创新的一部分。

根据国家标准与技术研究所 2016 年提出的定义，智能制造是完全集成、协作的，能够实时响应工厂、供应网络和客户需求的变化。在所有的定义中，最常见的关键词是通信、灵活性和实时性。智能制造的关键特征是大规模的个性化定制，即具有不确定性、多样型和复杂性的特征。我们知道，生产制造模式一直在产品的多样性和单种产品的产量之间平衡，智能制造可以通过数字化技术实现平衡的动态性。

智能制造的转型不仅需要数字化技术架构的支撑，也需要业务流程在产业链的横向端到端贯通和纵向端到端贯通的功能集成。根据麦肯锡对全球 1 000 家制造企业的调研，大约 85％的企业数字化转型失败，无法实现价值和竞争力的突破，失败的原因包含缺少合理的顶层设计、点状应用难以形成规模、技术应用难以突破试点、模式创新不足导致客户增值不足、组织没有进行相应的变革等。自 2018 年起，世界经济论坛联合有关权威机构在全球范围内试点“灯塔工厂”。“灯塔工厂”旨在发现制造企业在数字化转型过程中的成功实践，“灯塔工厂”的衡量标准包括业务流程、技术和组织三个方面。“灯塔工厂”可以依据客户类型和产品多样性划分为以订单为中心的一体化供应链驱动的快速交付型、以客户为中心的定制化体验为驱动的按需定制型、以产品为中心的全生命周期管理驱动的最佳产品型、以效率为中心的运营管理驱动的高效卓越型。不管做何种转型，制造企业正处在变革的最前线，它们面临的产品和组织转型之旅将充满荆棘和不确定性。

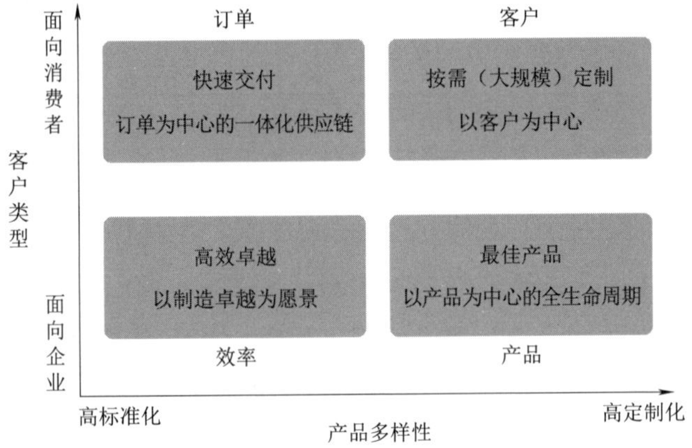

图 1-4　制造企业转型分类

来源：UCMT 智能制造研讨会，2022

1.3　愿景：驻立未来

在数字化的影响下，未来我们的商业、生活和世界会变成什么样子？OpenGroup（开放组织）在 25 周年的峰会中指出数字化转型是文明演进的时代命题，数字化和绿色低碳需要孪生转型，牵引并推进全球工业体系整体架构升级。面对不确定性日益增加的数字时代，数字化转型不再是一种选择而是必须。对于行业来说，需要培养一个健康的生态系统，为所有利益相关者创造价值，并培育创新；对于组织来说，需要解决转型和优化，并在正确的事情上有效运作；对于个人从业者来说，需要不断提升技能、更新专业知识组合。在数字时代，愿景和行动、创造力和适应性从未像现在这样重要。

1.3.1　多主体及人机协同的新体系

根据预测，到 2025 年，高达 1/4 的工作将被智能软件或机器人取代。我们都知道，目前机器人已经逐步取代了制造业的部分工作，而做重复工作的办公室工作人员已经或很快将被软件所取代，人工智能的进步正在加速这种现象。你读过的企业盈利报告很可能是由机器人写的，你收到的财务建议，也可能是由一个自动化财务顾问生成的。

在《人机共生》一书中，重新组织了关于自动化和人类的对话，认为提高生产率和商业成功的未来不是人类，也不是机器，而是两者都有，两者协同的关键是增强，利用技术帮助人类更好、更聪明、更快地工作。当进入下一个时代，我们可以将这些机器视为创造性问题解决的合作伙伴和合作者，而不是将其视为具有竞争力的入侵者。未来数字产业的核心是知识产业的工具革命，是多种数字技术协同和人机协作形成的新生产体系。

数字化和自动化颠覆了关于工作和员工的核心假设。数字化颠覆了人们对传统工作原理的看法，引发人们对人类劳动本身的思考，以及基于人工智能自动化可能导致的重大工作错位的生存焦虑。例如，企业可以重新定义企业边界，在关键项目确定最佳内部人才的同时，也可以寻找外部自由职业人才卷入，无边界企业将变为常态。有关数字化工作变化的研究指出，在未来人们需要重新定义工作，而且主要表现为如下几个方面：

(1)职业性质的变化:从捆绑到重新组合。数字化通过对任务进行分解和重新组合改变职业,而数字技术导致的关注自动化是其中一个主要因素。世界经济论坛《2020未来就业报告》预计,到2025年,新技术的引进和人机之间劳动分工的变化将导致8 500万个工作岗位消失,同时数字经济带动就业人数将达到3.79亿,将创造9 700万个新的工作岗位。未来20年,人工智能、机器人、自动驾驶汽车等技术的进步,将使中国就业净增长约12%。事实上,许多经济部门已经开始重新安排任务,形成新的职业类型,行业中出现了依赖数字技术的新任务,例如,分析专家、数据科学家和收益管理专家等。

(2)从定义明确的职业到基于项目的工作。传统的假设是组织雇用大多数人从事明确的工作,这些员工可能转移到同一组织内的其他岗位,但工作本身的性质一般不会发生实质性变化。随着市场营销、金融、研发和其他职能部门的工作脱离既定的界限和等级制度,工作模式开始更多地向按需和基于项目的这一趋势演变,而且有效利用这一转变的企业有着巨大的潜在优势。研究表明,在数字工具采用率较高的企业中,预计2/3的工作将基于项目形式开展,未来的团队将实现自行组织。组织结构变化造成的结果是开始呈现出不同的新工作,而这些工作是由技术定义的,这些技术实现了跨职能扩展,具有更短的、面向项目的时间框架。

(3)从带薪工作到独立工作。数字化的改变不仅发生在组织内部,而且能够超越组织。研究表明,约25%从事传统工作的人更愿意成为独立工作者,以便拥有更大的自主权和对工作时间的控制。数字化使得带薪工作转向以技能为基础的自营职业甚至混合就业变得更加容易,工作偏好的多样性正朝着独立工作和自营职业的方向发展。

(4)从企业到社区。现实中,我们看到在线社区蓬勃发展,社区成员和用户组成同龄人或同类人的社交网络空间,其中一些社区可能成为劳工组织的新接触点。

(5)从学历到数据本质。使用工作评级系统处理大数据以获取任务和绩效信息,它们被证明是一种比学历更有效的能力衡量方式。研究表明,在线平台不仅促使许多人以灵活的就业安排重新加入劳动力大军,而且通过员工的大数据分析还改善了企业内部工作和员工的匹配程度。

(6)从企业到生态系统的就业引擎。数字化带来了商业战略,这些战略引导企业将自己打造成平台,拥有一系列跨市场的联系人,管理多个组织之间的互动,这些新的商业生态系统扩大了平台所有者范围以外的招聘。

《人机共生》一书中同时提出了五种未来人类就业的方式,对我们在数字化时代的工作给出了方向性指导:

(1)加强:参与计算机不能做但可以协助的决策,即人机协同;

(2)跨步:移动至计算机无法协助的非决策领域;

(3)踏入:改进计算机生成的决策;

(4)狭隘步伐:专注于无法自动化的工作;

(5)步进:开发支持智能决策和行动的新系统和技术。

在未来,工作将如何发展是一个复杂而未解决的问题,但旧的正统观念已经开始改变或者衰落。企业需要变得更加敏捷,以便能够接受新形势下劳动力的灵活性。除了员工需要具备技能和适应能力,数字化也对未来灵活的工作环境提出了要求。

1.3.2　仿生学企业与智慧运营

仿生型企业(Bionic Company)是研究机构提出的企业数字化转型的最终愿景。仿生是“通过或借助电子或机电装置模仿或增强正常的生物功能”。仿生企业的愿景可以被描述为:企业必须成为仿生体,才能抓住数字时代层出不穷的技术机遇,实现成功转型。仿生型企业可以运用新技术,将信息搜集、处理、判断同执行能力与业务流程完美融合，达到近乎人类自主行为的能力水平。但这类企业数字化转型愿景的前提是对组织进行自我改造，使人员、流程和技术等能够无缝衔接并高效协同，从而建立类似人工智能的决策引擎，配合大量实时数据，以期逐步替代传统的基于人工经验及一定主观判断的经营分析和决策。

仿生企业并非遥不可及。我们从数字化原生企业的商业模式、人力组织和技术应用等方面已观察到仿生企业的典型特征。阿里巴巴以构建未来商务生态系统为目标，依靠强大的中台支撑和多样化的前台团队、阿里云的模块化技术平台以及贯穿整个价值链的先进算法，实现以大数据和人工智能为基础的个性化服务和智慧运营，其核心是数据、技术、人才和流程紧密融合后创造的颠覆性力量。除了数字化原生企业，传统行业中的佼佼者也积极探索，逐步尝试将人机结合运用于业务模式、组织流程和人员赋能等方面。例如，金融企业的运营可以从传统的基于人工经验驱动人工管理的做法，演进到用数据驱动代替经验驱动，通过人工智能、商务智能、大数据等科技手段构建智慧大脑，驱动企业运营，实现先知、先决、先行，从而带动运营管理与运营优化的持续过程。

如何实现仿生企业，智慧运营是核心能力。智慧运营涉及客户交互、产品和服务、基础设施三个层级，企业通过搭建数字化技术底层平台，在这三个层级间处理并分析数据和信息形成洞察与决策并转化为行动，这是仿生企业日常智慧运营的基础过程。智慧运营需要实现的功能包含：智慧识别与监测关键指标，例如，全渠道客户动态体验、全渠道运营体验、运营效率和成本监测；自带学习功能的智慧分析与归因，例如，结合客户旅程归因体验和流程归因运营问题；动态调配资源与调整，例如，根据实际情况，动态调配运营资源，实现运营资源、科技资源，甚至组织资源有针对性倾斜。

实际上，企业向仿生数字化转型最困难的方面是如何将技术应用于大部分传统企业各自为政的烟囱式组织、人为割裂的业务流程和粗糙低质的数据深井。另外，在现有的运作模式中有效支持业务管理分析和决策也是仿生企业智慧运营的关键一环。仿生企业的落地除了技术、组织、流程转型外，最终还是要落到以人为本。尽管机器和技术将为企业的未来带来巨变，但从本质而言，人依旧是企业的核心。仿生企业的强大动能来自在全面解放生产力的同时，充分释放创造力，依靠人推动技术，进一步服务于企业战略。许多企业数字化转型的障碍源于人工流程、组织模式、碎片化系统和人才缺失，只有配合系统性的仿生改造，企业才能更好地利用技术持续创造价值，造福社会。

1.3.3　元宇宙与极致体验

人类往往会好奇，除了自身所处的宇宙，宇宙之外是什么？是另一个宇宙，还是平行宇宙？以目前的科学技术，不得而知。不过，人类已经在创造属于自己的另一个宇宙，而且是触手可及的宇宙：元宇宙（metaverse）。元宇宙是下一个前沿领域，下一个平台和媒介将是更加身临其境的互联网，你将置身于体验之中，而不仅仅作为旁观者。实际上，我们离元宇宙的世界已经不很遥远，元宇宙离我们越来越近，而且是加快脚步马不停蹄到来。

Metaverse 一词直译为元宇宙，由前缀 meta 和词根 verse 组成。meta 意为超越和元，verse 源自宇宙 universe。这个概念起源于 1992 年出版的科幻小说《雪崩》，它指的是一个与物理世界分离但始终在线的平行数字世界，人们可以在其中使用虚拟人物自由地生活，在那里，现实生活中的所有人都有一个网络分身。相关资料对元宇宙的描述是：通过虚拟增强物理现实，呈现融合性和物理持久性的特点，基于未来互联网，具有链接感知和共享特性的 3D 虚拟空间。所以元宇宙的内涵是吸纳了信息革命、互联网革命、人工智能革命，特别是包含游戏引擎在内的虚拟现实技术革命的成果，向人类展现出构建与传统物理世界平行的全息数字世界的可能性，它引发了信息科学、量子科学、数学和生命科学的互动，甚至推动了传统的哲学、社会学甚至人文科学体系的突破。

就像电影里的场景，未来的某一天，人们可以随时随地切换身份，自由穿梭于物理世界与数字世界，在虚拟时空节点形成的元宇宙中学习、工作、交友、购物、旅游等，甚至在人类死亡之后都可以上载新生，实现生命的“永恒”。元宇宙让玩家可以享受所有权和自主权，通过沉浸式体验，虚拟更接近现实。Beamable 企业创始人拉多夫则从结构化方向上，提出元宇宙构造的七个层面，如图 1-5 所示。虚拟世界的基础运行，处于元宇宙原始阶段的最初形态。首先要对参与者，对人类行为活动、经济等生活所需要素进行网络虚拟化，为虚拟世界的建设打造基础设施与规则；想要虚拟世界在线完整运行，不可或缺的要素有真实玩家和人物虚拟角色，数字基建负责虚拟世界的存在，即交互平台建立、主导经济物（虚拟货币）和内容生产；除此之外，还需要有超级平台或规则制定以管理虚拟世界秩序。

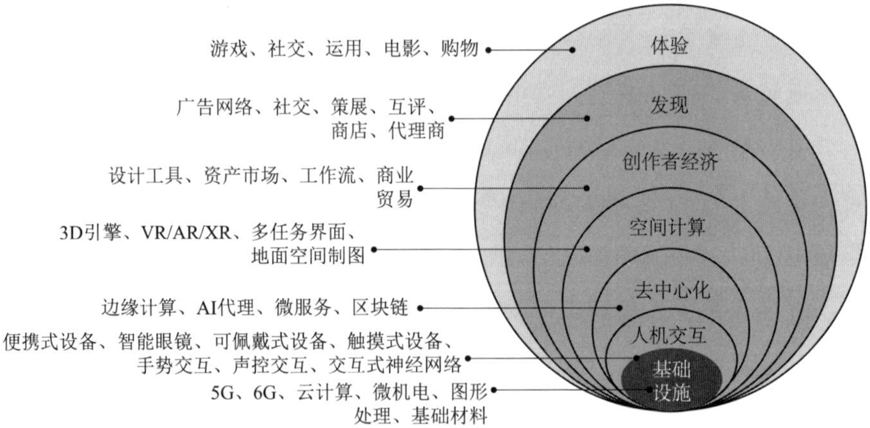

图 1-5　元宇宙七层价值链

来源：拉多夫《构建元宇宙》

1.3.4 文明城市的演进

企业应该不只单纯地追求经济利益。英国学者约翰·埃尔金顿提出的企业可持续性的三个支柱或者三重底线，他认为企业责任可以分为经济责任、环境责任和社会责任。经济责任也就是传统的企业责任，主要体现为提高利润、依法纳税和对股东投资者的分红，涉及经济资本；环境责任就是环境保护，涉及自然资本；社会责任就是对社会其他利益相关方的责任，指资源的公平再分配。企业在进行实践时必须履行上述三个领域的责任，这就是与企业责任相关的三重底线理论。我们从资本角度阐述企业三重底线可以转换表达为经济资本、环境资本和社会资本。自20世纪40年代末以来，面对不断增长的消费者需求，可持续性研究使企业将重点放在企业的环境责任和社会责任上，并在实践中应用先进技术管理可持续性。

经过几个世纪的工业化，大气中的二氧化碳水平正在导致气温上升、海洋酸化和冰川融化，可持续性转型的新经济中，主要问题是如何评估和减轻环境影响。此外，人类还必须学会如何利用地球的有限资源，在几代人之间以一定程度的公平满足全球几十亿人的需要。气候变化现象直接或间接地影响工业和国家，政府和企业面临的挑战是确定环境影响，以解决环境可持续性问题。可持续性的核心原则是持续和谨慎的增长，并在不损害自然环境的情况下保持经济绩效。2015年举办的第21届联合国气候变化大会，由全世界170多个缔约方共同达成的气候变化协定《巴黎协定》代表了全球绿色低碳转型的大方向，缔约方同意通过加大研究和实践努力应对气候变化。中国2020年在联合国首次提出了“双碳”目标，中国将提高国家自主贡献力度，采取更加有力的政策和措施，使二氧化碳排放力争于2030年前达到峰值，努力争取2060年前实现碳中和。碳达峰是指在某一个时点，二氧化碳的排放不再增长、达到峰值，之后逐步回落。中国承诺在2030年前，二氧化碳的排放不再增长，达到峰值之后再慢慢减下去；而到2060年，针对排放的二氧化碳，要采取植树造林、节能减排等各种方式进行抵消，这就是碳中和。

目前，各种研究表明，数字技术在各领域的应用能够帮助全球碳排放减少15%至20%。全球电子可持续性倡议组织（Global e-Sustainability Initiative，GeSI）①于2016年发布的报告显示，数字解决方案在减少温室气体排放方面具有巨大的潜力，到2030年，智能制造、智能农业、智能建筑、智能移动和智能能源等数字解决方案可以在全球经济中减少超过120亿吨二氧化碳当量，占全球总排放量的1/5左右。2020年全球气候行动峰会发布的《指数气候行动路线图》指出，数字技术在能源、制造业、农业、土地、建筑、服务和交通等领域的解决方案，已经可以帮助全球减少15%的碳排放。德国信息技术协会和苏黎世大学在2020年合作完成的研究表明，数字技术可以将全球温室气体排放量减少20%，并预计德国在2030年可以通过使用数字技术减少2 900万吨的二氧化碳排放量，约占其温室气体总排放量的37%。中国的学者则利用面板数据进行分析，探讨数字经济快速发展背景下区块链等数字技术对制造业绿色发展的影响。

目前，绿色可持续发展的理念已经逐渐融入数字产业的方方面面，许多大的科技企业开展了数字化和持续性的融合。例如，苹果等已经实现或接近100%的可再生电力，实现数字产业能源消耗向可再生能源过渡；华为在中国充当数字世界和可持续发展的推动者和使能者。它为企业客户提供绿色解决方案，最大限度降低能源使用。这方面的案例有华为绿色数据中心，以及混合太阳能供电方案。后者实现了高达98.5%的太阳能转换率，能够增加20%的电力供应，并且最小化碳排放。联想集团除了在自身核心制造

---

①全球电子可持续性倡议组织（GeSI）致力于信息通信技术（ICT）部门的可持续发展，华为、中兴等目前是该协会成员。https://www.gesi.org.

环节实现更加绿色、更加柔性的生产，还进一步通过数字化、智能化打造绿色制造、绿色供应链体系，带动自身供应链上下游完成绿色转型升级。谷歌在芬兰哈米纳的零碳数据中心建在一个旧造纸厂里，使用波罗的海的水冷却服务器，并且 100％采用风力发电；英特尔采取措施大幅度减少其芯片制造厂的氟化气体排放，使其 2020 年的排放量较 2010 年降低了 10％。

总之，全球对绿色经济与节能减排的重视程度不断提升，只有在环境友好的前提下发展数字经济，才能确保数字技术可持续、稳定地提升。数字化和绿色低碳的孪生转型创造了数字化文明城市。正如前文指出，数字化转型是文明演进的时代命题。数字化时代的命题之一旨在积极探索数字化、绿色化协同转型创新发展，发挥互联网技术与资源优势，推动生态文明建设。数字化转型是生产方式、生活方式和治理方式的一场深刻变革。当前，中国正全面迈进数字经济新时代，数字化转型正成为绿色低碳转型的重要动力，它可以推动数字技术与实体经济深度融合，加快形成节约资源和保护环境的产业结构、生产方式、生活方式，并促进碳达峰、碳中和目标的达成。

第 2 章

创新集市与开放式创新

2.1 生存与发展的选择

在这个技术指数增长的时代，大家认为过去十年最大的创新是什么？是网上支付？移动互联网？还是美团？3D 打印？商业领域的快速变化和全球化迫使组织无论其规模如何都要采用创新应对这种商业环境带来的动态不确定性和激烈竞争。因此，创新对组织的成长和生存至关重要。莎士比亚留给我们的是生存还是毁灭的话题，企业的永恒话题是生存还是成长，这既是在为企业需要面对的难题提供解决方案，也是为新进入者提供重写游戏规则的机会。众所周知，创新和企业的竞争优势存在很强的关联性。一方面，新产品能够帮助企业占领和保持市场份额，提高企业在市场的盈利能力，从而填补成熟产品单纯靠价值优势无法在竞争市场实现的销售额增长。另一方面，现有产品的生命周期日益缩短，例如，一款特定款式的电视机或者电脑的生命周期有可能不过几个月，像汽车这种复杂产品的生命周期也不超过三年。所以对于企业来说，能够经常使用更好的版本代替原来产品的能力变得越来越重要。

组织理论范式分为变革社会学和监督社会学，该分类的一个基本判断原则是组织的本质是稳定的还是变化的。激进的变革社会学认为组织是变动的，如激进结构主义范式；监督社会学隐藏的前提是稳定的组织是通过监管实现的，如功能行为主义范式。从某种意义上说，组织稳定和组织变化的本质是关于组织的稳定生存和创新发展的问题。

创新推动经济繁荣，对企业的盈利能力、增长和竞争优势至关重要，它几乎关系业务的每个方面的每个部分。然而，无序和不可预测性，有时被称为混乱，似乎是人们对创新过程普遍看法的缩影。为了达到詹姆斯·布赖恩·奎因①所描述的“受控混沌”，企业只有通过高效和有效的创新管理，才能激发和吸收新想法，并引导自身走向价值化和全面商业化。研究学者将创新管理定义为“制定愿景和战略及实现的流程，创造有利于理念产生和实施的组织条件和文化”。所以，创新不仅是一种结果或属性，它还包括发展理念并将其转化为有价值的实现过程。然而，创新过程的管理经常被视为一个黑箱，它表现为复杂、不确定、无序、受多种变化的影响，并且难以衡量。

创新无处不在，然而要系统地理解和把握创新的规律却绝非容易的事情，创新与发现机会及利用机会的能力相关联。创新不仅仅是开辟一个新的市场，也可以以新的方式服务于现有的成熟市场。很多企业的成功很大程度上取决于创新，尽管竞争优势还源于企业规模和企业资产等方面，但在今天的竞争模式中，利用其知识及技术的技能和经验开发新产品、新服务、新工艺、新流程的企业更有优势。

---

①詹姆斯·布赖恩·奎因，知识管理大师，学习学派的代表人物。他是战略计划、技术变革管理、企业创新以及技术对服务部门的影响等领域的学术权威。

2.2 创新系统与思维

创新是经济学家创新管理之父熊彼特①首先提出并认识到其在经济发展中的作用。熊彼特阐述的既有技术创新也有非技术创新，熊彼特认为，创新就是企业对生产要素的重新组合，是建立一种新的生产函数，即实现生产要素和生产条件的新组合；创新是发明、开发并向市场推出新产品、新工艺或者新服务，以提高绩效、效率和竞争力；创新可以涉及产品、服务、生产过程、管理工具或者组织结构。熊彼特在其《经济发展理论》一书中阐述了创新的含义，它包括如下五类创新类型，这五类创新形式涵盖了技术创新和管理创新的内容：

(1)生产一种新的产品；

(2)采用新的生产方法；

(3)开辟新的市场；

(4)获得原材料或者半成品的新来源；

(5)获得新的行业组织。

管理大师彼得·德鲁克认为，创新是使人力和物质资源拥有更大物质生产能力的活动，任何改变现有物质财富、创造潜力的方式都可以称作创新。在德鲁克看来，创新不仅是原有产品和服务的改进，而且要提供与以前不同的经济满足，并使得经济成为更加有活力的创造性活动。

创新最主要的特征是可以给经济主体发展的过程、要素、结构、形式等方面带来新的独特性的变化，并且带来新的绩效，即提供与以前不同的经济

---

①约瑟夫·熊彼特被誉为创新理论的鼻祖，1912年，其出版的《经济发展理论》一书，提出了创新及其在经济发展中的作用，轰动了当时的经济学界。

满足。创新一般涉及商业效率、技术的可行性、人的情感愿望或者客户体验，这些方面的不同组合会产生不同的创新结果。例如，商业效率的提升和技术创新的结合可以催生功能创新；技术创新和人的情感愿望的结合可以催生过程或者流程创新；商业效率的提升和人的情感愿望的结合可以孵化情感创新。如果是商业效率、人的情感愿望和技术三者融合的创新，那就同时达到了功能创新、过程创新和情感创新，这类创新既考虑了商业结果又考虑了过程运营，既考虑了产品又考虑了客户情感与体验，这种完美的融合孵化出创新的甜蜜点，见图 2-1。

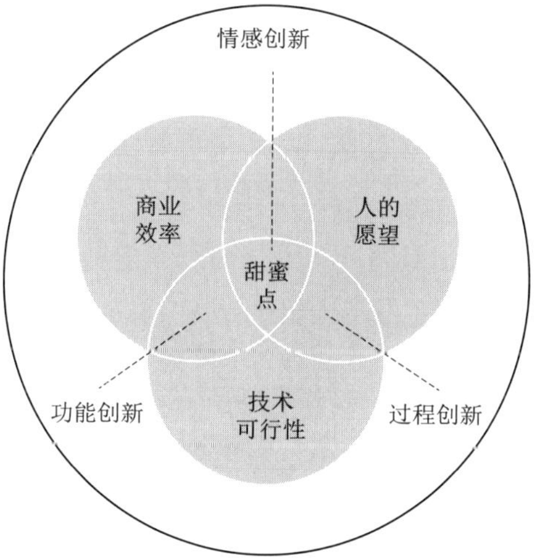

图 2-1　创新的甜蜜点

来源：乔丹诺・科赫《激进创新管理》

2.2.1　创新类型

创新的类型各种各样，涉及财务、流程、交付、产品等。例如，如何赚钱的商业模式创新、互惠互利的生态网络和联合创新、如何创造产品并实现其价值的流程创新、如何为多种产品提供平台的产品体系创新、如何设计核心产品的产品性能创新、如何跨越并围绕产品提供客户和消费者的价值服务创新、如何将产品推向市场的渠道创新、如何宣传产品的品牌创新、如何有效促进互动的顾客体验创新等。下面就几种重要的创新类型进行说明。

1. 商业模式创新

商业模式是企业创造长期利润的源泉。商业模式创新意味着企业需要采取不同于竞争者的经营活动，或者是以不同的方式组织和实施类似的经营活动。商业模式是一种企业发展模式，采用什么样的发展模式受到内外部环境的制约。传统经济在数字经济促进下加速了两种转变的发生，一是价值来源从具体事务转向创意，二是从产品转向服务，这里的创意主要是指对商业模式的思考和探索。而新兴产业又特别适应这种环境变化，往往能够凭借商业模式的创新获得巨大的成功，例如，高德打车、途家网。传统行业也可以通过创新商业模式获得成功，例如，廉价机票、网上金融服务等；还有类似社群的大规模协作的创新，例如，像乐高这样的企业，这种商业模式的创新正在通过让用户作为设计者和建造者而不是被动的消费者，使企业重新焕发活力。

2. 技术创新和产品创新

技术创新是以技术为基础的创造性活动，强调技术和经济的结合，技术创新通常一定要实现商业化的应用。技术创新可以分为根本性创新和渐进性创新。根本性创新是指基于全新的概念和重大突破的技术创新，它往往伴随一系列产品创新、工艺创新以及企业组织创新，甚至可能导致产业结构的变革，例如计算机网络的问世；渐进式创新是指基于局部的改进而产生的技术创新。

技术创新根据对象不同，又可以分为产品创新和工艺创新。组织环境以技术变化周期为特征，在增量变化周期和快速创新周期之间交替。不连续的技术进步通常由行业外的组织引入，并引发快速的创新和变革，这一快速创新时期或发酵时代在主导技术设计出现时结束。随着占主导地位的技术体制的出现，技术变革的性质从产品创新转变为相对独立且长期的工艺创新和所选技术的增量改进，这一阶段的技术进步反过来又被随后的技术不连续性所打断。这就是阿伯·纳西和厄特·拜克提出的技术创新 A-U 曲线①，它将技术创新分成三个阶段，即流动阶段、过渡阶段和稳定阶段，在这三个阶段，产品和工艺创新频率呈现一定的规律性，如图 2-2 所示。

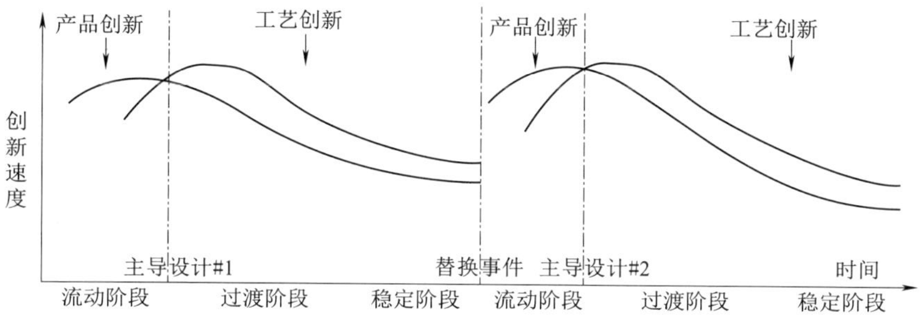

图 2-2　两股可视化的力量：技术周期与演进

来源：《动态创新》

人们头脑中科学、技术、生产、经济、社会的范式顺序明确说明了技术和产业之间的关系，说明了技术创新路径。纵观技术革命和产业革命的历史可以发现，技术革命导致产业革命，带来产业结构和产品结构的变化，产业革命一般以一定的技术革命为前提。在一般情况下，技术和产业协同发展的起步模式是技术进步推动产业发展的模式，之后才有产业与技术的交互作用和协同升级。

产品创新是指在产品技术基础上进行的技术创新，产品创新是一个全过程的概念，包括新产品的研究开发过程，也包括新产品的商业化扩散过程。产品创新是企业技术创新中最重要、最基本的内容，是企业技术创新的核心。产品创新不仅可以通过内部开发活动实现，也可以通过与外部合作

①技术的 A－U 模型：一项重大的创新出现后，往往会有一系列后续创新跟随出现，形成创新群，从而引起新产业的成长或老产业的演变。

伙伴的合作活动实现。

3. 服务创新

一些服务营销学者指出，服务是直接提供满足或者与其他有形商品、其他服务一起提供满足的不可感知的活动。从服务的定义可以看出，服务的共同点是一种特殊的无形活动。服务是对需求的有效满足，既可以和有形产品联系，也可以不关联有形产品，服务往往不涉及物品所有权的转移和占有。服务创新就是使潜在用户感受到不同于以前的崭新内容，是指将新的设想、新的技术手段转变成新的或者改进的服务方式的过程。数字技术的飞速发展带动了服务创新的开展，基于数字技术的服务创新的变革旅程使得服务模式发生了很大的改变，这主要体现在顾客与服务人员的接触方式上，开启了从面对面接触到人机接触的变革。另外，在数据日益丰富的环境下，制造业与服务业边界日益融合，这种融合的模糊性还在于相互增强并导致制造和服务一体化，这种模式强调综合性，是数字化时代出现的一种新的产品服务创新模式。

4. 流程创新

业务流程创新在当前的管理学界是很有争议的话题。1993 年，哈默和钱皮在《企业再造》一书中正式对业务流程创新做了如下定义：企业业务流程创新是对企业业务流程做根本性的思考和彻底的重建，其目的是在成本、质量和速度上面取得显著的改善，使得企业能最大限度地适应以客户、竞争、变化为特征的现代企业经营环境。

流程创新与生产和交付资源的变化有关。成功的业务流程创新能够大幅度降低运作成本或大大地提高成本效益，显著提高产品和服务的质量，根本性地缩短各项流程的运作时间。流程涉及组织设计、业务活动、人力资源、信息技术和管理机制的有机结合。管理流程创新是对企业旧的流程不断理顺，通过改造和优化旧的流程提高企业管理效率和经济效益。管理流程创新作为一种管理思想，真正的含义是重新塑造包括进行相应的资源结构调整和人力资源调整以提高企业竞争力，企业由职能为中心的传统形态转变为以流程为中心的管理形态，是企业经营方式和管理模式的改变。

流程创新可以是战略导向的、自上而下的过程，也可以是日常改进、自下而上的。流程创新有时又可以是技术驱动的，例如，大数据分析技术，但同时涉及人员、工作、技能、组织、文化等各方面的改变。所以，一般来说，流程创新会涉及企业内复杂的社会创新与技术创新，它发生在人与组织的环境之下，企业不仅要关注流程自身的变化，更要关注流程相关组织的变化。

虽然我们提到很多创新分类，但在现实中，这些创新类型可以是同时发生的。例如，亨利・福特从根本上改变了交通面貌，并不是因为他发明了汽车，也不是因为他开发了汽车的制造流程，他的贡献在于改变了潜在模式，从只能为少数有钱人提供手工专门制造产品转变为向任何人提供他们买得起的汽车。从手工到规模化生产的转变，这是一场变革，要实现这样的想法，还需要大量的产品和流程创新，涉及零部件、机械制造、工厂布局等。我们还需要意识到，创新的机会随着时间的推移而改变。对于新的行业，例如生物技术行业、物联网行业等，围绕新产品和新服务的创新大有可为；对于更为成熟的行业，趋向于关注流程创新，旨在寻找更便宜更快的销售产品和服务的方法，或找到并占据新的细分市场。

2.2.2　创新过程

创新和变革的发生是具有动态性的，而且一般需要经历一个循环往复的过程。创新是一个过程，是过程就需要考虑产出。我们如何创新？存在怎样的机会让我们创造不一样的东西，并能从实现这些创新的过程中获取价值呢？创新不仅仅是新市场，成熟的市场也可以。创新不仅仅是制造业，服务行业也存在很大的创新空间。创新作为一项核心过程的观点，这个过程需要加以管理，才能使组织不断更新。评价企业是否具有一个创新组织的模型，主要是明确其是否有创新战略以及搜寻、选择、实施、获取的创新过程。

创新根据形式区分，可以分为计划性创新、偶发性创新和演变性创新。计划性创新是企业经过严格的规划和准备引导创新的发展，这类创新对企业响应外部环境变化的能力提出了很高的要求；偶发性创新是指由于内外部环境或者随机事件的突然发生引发的创新，具有偶然性；演变性创新是企业发展经过长期的各种问题或者矛盾的积累，由一种量变积累造成的创新，体现了量变到质变的转变，这种创新一般针对企业内部累积的矛盾，外部的环境变化关注得少一些。

1. 变革三段论

著名学者库尔特·卢因是计划变革理论的创始人，1951 年他在《社会科学中的场论》①一书中提出变革包含解冻、变革和再冻结三个阶段。卢因的变革三段论将变革看作组织平衡状态的一种打破，即解冻。解冻阶段，旧的产业规则和组织现有的战略愿景不再有效，人们处在迷茫之中并开始寻找新的解释和新的解决办法；解冻一旦完成，就可以推行变革，但仅仅引入变革并不能确保长久，新的状态需要加以冻结，这样才能使之保持一段相当长的时间。因此，冻结的目的是通过平衡改进和制约两种力量，使得企业在新的状态下趋于稳定。

(1)解冻阶段：创造诱因及准备变革，形成变革的氛围，寻找变革的同道力量，提高变革的透明度，消除变革的阻力。

(2)变革阶段：帮助人们以不同的方式开展变革以达到变革的目标。变革的过程需要对人员的态度、行为和能力进行管理，这个阶段同时是一个组织学习的过程。

---

①《社会科学中的场论》使用了拓扑学概念来表示人和环境，认为人的生活空间及心理环境形成了一个场，人的行为是由当前这个场决定的。

(3)冻结阶段:保证组织稳定运行,固化变革成果,这个阶段通常采用机制完成,建立新的组织形态,建立新的组织文化、政策、流程和规范等。为了确保组织变革的稳定性,成果不倒退,需要给予变革效果正面的强化。

2. 变革六步骤

管理学家卡斯特和罗森茨韦克在合著的《组织与管理:系统方法与权变方法》①中认为,稳定性和适应性对于组织的生存和发展都是必要的,并认为组织有计划的变革步骤分为六个阶段:

(1)对组织本身、组织取得的成就和缺陷进行回顾、反省和检查,分析组织所处的内外部环境,为组织变革做准备;

(2)总结组织中存在的问题,明确变革的必要性;

(3)对组织的现状与所期望的状态加以比较,发现差距,明确变革方向;

(4)确认可以选择的解决问题的多种方法,并对方法进行评定,讨论后续行动及绩效测量方法,最终对方法做出选择;

(5)实行变革,按照选定的方法实施变革;

(6)检查变革的成果,并持续循环,使得组织不断完善。

3. 八步变革模型

约翰·科特以其在领导力和变革领域的卓越成就享誉世界,被誉为组织变革与转型领域的权威,他在著作《领导变革》里介绍了许多正在经历变革过程的组织研究,并开发了八步变革模型。

(1)创造一种紧迫感:这一步的重点是如何激励人们意识到变革的重要性,让人们明白他们现在必须采取行动。创造紧迫感的关键是走出去,走到市场中去,走到客户和供应商那里去,听听他们的真实想法,看看市场正在发生的变化,评估市场和竞争现状,找出并讨论当前存在的危机、潜在的危

①《组织与管理:系统方法与权变方法》是权变理论学派的代表作之一。

机和重大的机会。

(2)组建领导团队：建立具有强大权威的领导团队推进变革，这个团队将成为企业变革倡议的大使。

(3)设计愿景战略：愿景是一幅未来的画面，明确地解释了应该为未来努力的理由。清晰而且得到广泛认同的愿景，可以让人停止纷争，并有助于消除相关人群对变革的顾虑。

(4)沟通变革愿景：需要向更广泛的组织传达变革愿景和倡议，只有被企业中绝大多数人理解和认同的愿景，才会释放巨大力量。企业要利用各种可能的方式持续地沟通新的愿景和战略，变革领导团队要以身作则，树立榜样。

(5)授权赋能组织：在变革过程中遇到障碍很容易失去动力，授权赋能有助于扫除组织障碍，改变阻碍变革愿景的制度系统和组织结构，鼓励冒险及非传统的观念、活动和行为。

(6)积累短期胜利：通过制订计划实现看得见的绩效改进，并公开嘉许和奖励为胜利作出贡献的人。短期胜利的效果是巨大的，它会让所有人相信，为愿景付出是值得的、有效的，从而激励更多的人参与其中。

(7)促进变革深入：实现短期的胜利是一回事，但是组织真正的目标是朝着长期目标持续不断地前进，需要专注于重复的胜利。组织应充分利用人们日益增长的对变革的信任，改变所有与变革愿景不匹配的制度、结构和政策，聘用和选拔能够实施变革愿景的人，以新的计划、主题和变革方式促进变革的深入。

(8)成果融入文化：文化指公司的行为规范和共同价值观。如果公司文化与变革愿景不协调，就会让变革倒退。企业应将变革置于企业文化之中，不断努力确保变革被接受并被视为整个企业的机会。

2.2.3 创新系统

创新系统包括创新战略、创新过程和创新组织。创新战略涉及类似企业是否具有清晰的创新战略支持未来目标的达成，企业是否富有创新精神和文化开展持续不断的创新项目这样的问题，在创新战略中建立创新文化的所有权和领导力至关重要。

创新过程涉及创新点的寻找、选择、实施和获取。创新过程对于很多企业来说也是一个难点，因为它涉及企业如何发现创新的机遇、选择何种创新的方法、创新过程如何开展以及如何从创新中受益等问题。

创新组织不仅包括企业内部，它是由内外部各方面要素有机构成的一个系统，就企业创新系统而言，它包含组织外部环境、内部环境、创新主体、创新事件四方面要素。外部环境是指与企业创新实践有密切关联的外部诸要素的集合，它们影响创新的发展、实施和效果，又或者是为创新提供物质、能力和信息方面的支撑；它们虽然不是创新的内在要素，却发挥着重要的作用，例如，科学技术的发展、产业发展和竞争形态、完善的社会配套制度机制等。内部环境是指与企业创新事件有直接或者间接联系的企业内部多个要素的集合，同企业环境与制度、文化、发展目标、人力资本等有很强的关联。一般而言，体量规模较大的企业创新性相对较低，创新实施难度较大；等级层次较少的扁平化组织创新意识相对强烈，实施创新相对较为顺畅；在权力比较集中，官僚化、家长制的专制型体系中，创新会受到压制。创新主体是指直接推动或者支持企业创新行为发生和完成的相关参与者的集合。创新主体直接或者间接参与创新，对创新的成败和效果起着关键的作用，他们可以是创新发起者、创新决策者、创新实施者、创新辅助者。创新事件是指企业为了影响企业内外部环境变化需求而进行的的创新活动，包括创新发起、决策到实施的全过程，即包括创新动因、创新目标、创新类型、创新过程和创新效果。

创新有多种类型和模式，“一千个企业眼中就有一千个哈姆雷特”，但创新的基因大部分雷同，可以简单地总结为以下几个方面，如图 2-3 所示：

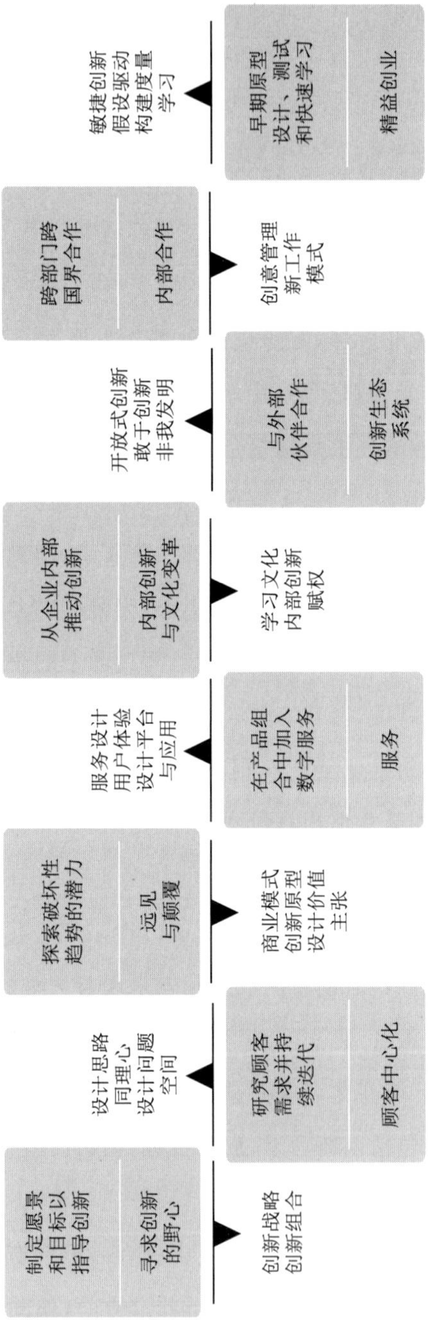

图 2-3　创新思维

来源：乔丹诺·科赫《激进创新管理》

2.3　创新集市与开放式创新

2.3.1　创新集市与"大教堂"

《大教堂与集市》一书作为软件开源运动的经典著作，提到两种开发模式："大教堂模式"和"集市模式"。"大教堂"象征保守、封闭、黑盒，比喻传统软件的开发模式；"集市"则象征开放、自由、协作，比喻开源软件的开发模式。作者埃里克・S・雷蒙德最早应用了"Bazzar"（集市）这个词汇来描述开发源代码软件的组织特征。软件设计是一件特别需要创造力的事情，是一种平等、参与、分享的创新方式。

作者在书中提出这样的问题：世界上的建筑可以分为两种：一种是集市，结构松散，从无到有，从小到大；还有一种是大教堂，几代人呕心沥血，几十年才能建成投入使用。当你新建一种建筑时，可以采用集市模式，也可以采用大教堂的模式。一般来说，集市的模式的特点是建设成本低、周期短、品质平庸；大教堂的特点是封闭式建设，成本高、周期长、品质优良。所以作者在书中提出了这样的问题：能不能用修建集市的模式来造成一幢绚丽多彩的大教堂？这就是作者认为开源软件开发的特点，就像是一个巨大的有各种不同议程和方法的乱哄哄的集市，组织的边界相当松散，没有高度的严格性，缺乏稳定性和可靠性，却具有极强的生命力，可以创造出绚丽的结果。

书中提出的"集市模式"已经过去很多年。在那个年代，网络刚刚兴起，不同时空的合作模式才开始尝试，大教堂代表传统，集市代表着现代。大教堂代表着传统行业的大型软硬件开发；集市模式在当时来说，是一种新型的开发模式。当今，软件的创新模式经过多年的发展已经进化了许多，开源也已经不足为奇，但书中给出了大量充满智慧的观点和经过验证的概念，对于现代组织的创新模式仍然有深远的启示，尤其在数字化时代具有更加重要的意义。

我们将“大教堂”和“集市”的创新模式移植到组织创新的领域范畴，来解释组织的创新策略。“大教堂创新模式”代表着一种自顶向下的模式，是有一群精英进行顶层设计，按照计划执行任务。它代表了商业化集中的团队内部开展创新的模式，大部分的创新项目，尤其是大型项目都属于这种模式。“大教堂式创新模式”是一种制式的创新，这种创新对未来的需求和目标有清晰的认识，类似于你已经看到的未来绚丽多彩的大教堂建筑，而且创新的过程要求遵守制式的规定和流程，很大程度上开发的组织结构是封闭的、固定的、稳定的。“集市创新模式”代表的是自底向上的模式，没有一个绝对主义的核心，依靠的是全体成员和外部成员努力完成复杂的任务。集市创新模式代表了一种自由市场模式和网络市场模式，是在看似无序的世界中寻找创新点，就像乱糟糟的市集一样，百家齐放，个性鲜明。就创新的结果而言，“集市创新”更具有生命力，在创新思想上更开放，可以产生与原来完全不一致的产品和服务；“大教堂创新”由于稳定的组织结构和创新过程，创新思维相对封闭，一般很难突破已经确定的目标和愿景。

另外，我们也可以看到，今天的互联网平台模式、生态合作创新、敏捷模式等在数字新经济下出现的新模式同“集市”的自由和开放创新模式的理念是一致的，一个重要的原因是在数字化时代，产业链的集成和交互发生了巨大的变化。企业从“系统”变成相互联合的“超级系统”，单独依靠企业自身的能力已经不能满足市场和客户的变化，更需要联合创新、开放性创新，而且创新的速度又不能太慢，因为一不小心，企业就可能在这个时代转型过程中被淘汰。

我们需要强调的是，“大教堂模式”和“集市模式”其实无所谓对与错，只是在不同商业环境中的不同选择，企业需要依据技术、市场和客户等变化在运行的上下文中作出单一或者综合的选择。图 2-4 给出了“集市创新模式”和“大教堂的创新模式”的区别。

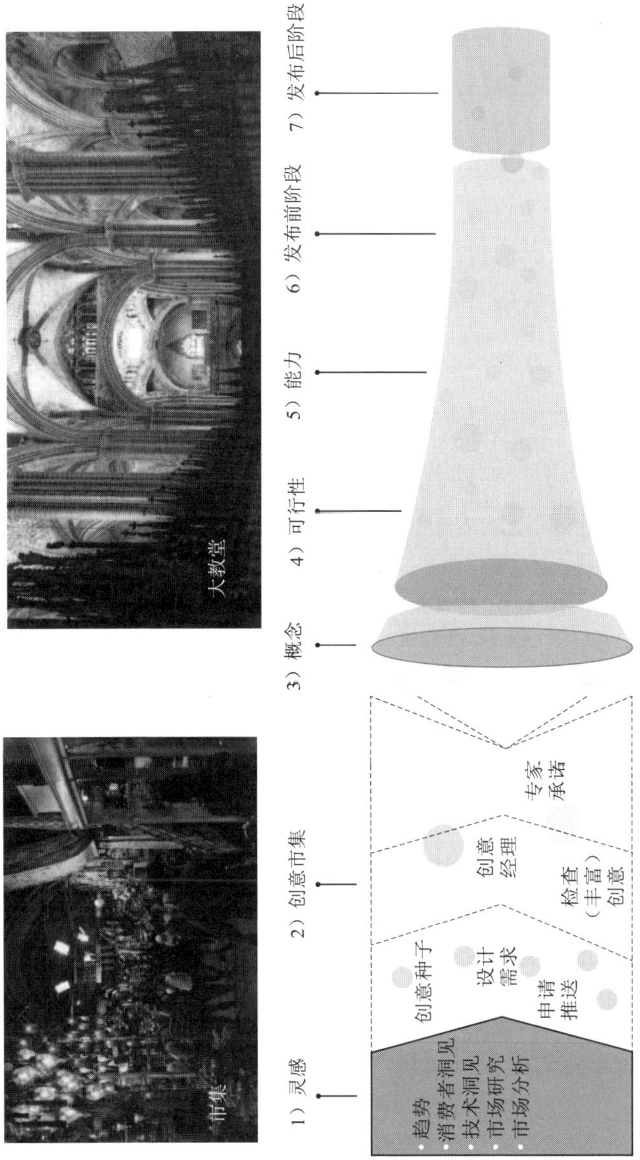

图 2-4　汇集创新模式和大教堂创新模式

来源：乔丹诺·科赫《激进创新管理》

2.3.2 封闭式创新与开放式创新

一般意义上，人们对于创新的理解更多集中在企业内部的研发能力上。20世纪70年代以前，封闭式创新模式为企业带来极大的成就与商业成功，几乎所有的知名企业都在用这样的模式，典型代表有美国电话电报公司的贝尔实验室、IBM公司的沃森实验室和施乐公司的帕洛阿尔托实验室。传统的封闭性创新模式要求企业在内部组建研发机构，投资开发新技术，将新技术应用于新产品，从而获得高额的边际利润，然后再投资于更多的内部研发，推动下一代技术的突破。封闭式创新的核心思想在于成功的创新需要企业强有力的控制，企业必须有自己的创新思想，然后进一步研发、推向市场、分销、提供服务、技术支持等，换言之，企业要亲力亲为，事无巨细。封闭式创新的实质是封闭的资金供给与有限的研发力量的结合，目的是保证技术独享和垄断。封闭式创新看似良性循环，但非常脆弱，任何一个环节发生问题都将导致整个循环的断裂。

20世纪绝大部分时间，封闭性创新在企业运行中具有积极作用，而且运作良好。随着科学技术的发展和经济全球化的加剧，情况发生了变化。尽管看起来未来前景有很多创意，但行业内的创新能力下降了，创新回报率越来越低。产品技术和市场的变革，使得技术创新从大型企业唱独角戏，逐渐向中小企业分散，创新活动突破大型企业的垄断，创新主体逐步向普通企业和多极化发展。新产品问世的时间不断缩短，产品升级的速率不断提升，封闭性创新将无法适应技术的高速发展，很可能产品还没实现量产就已经被市场淘汰。为持续地维持竞争优势，企业必须不断投资新技术，并开始意识到外部资源的重要性，合作创新的模式开启了各种战略联盟和研发合资，在一定程度上实现了资源共享。这时候出现了新的创新模式——开放式创新，企业将自己创新不经济的部分外包给有开发能力的企业、独立研发机构、外部专家，甚至平台。

当今，开放式创新已经被绝大多数企业作为创新范式。最早提出开放式创新概念的是亨利·切萨布鲁夫①，他认为开放式创新是企业在创新过程中，同时利用内部和外部相互补充的创新资源实现创新的目的，企业内部技术的商业化既可以从内部进行，也可以从外部途径实现，企业在创新链条的各个阶段与多方合作伙伴进行多角度的活跃合作。开放式创新是将企业传统封闭式的创新模式开放，引入外部的创新能力。在开放式创新下，企业期望发展技术和产品时，能够像使用内部研究能力一样借用外部的研究能力，能够使用自身渠道和外部渠道共同拓展市场。

开放式创新的一个基本特征是，它允许创新过程中的想法和知识根据组织的商业模式有目的地跨越组织边界流动。从实践角度看，开放式创新缩短了产品的生命周期和上市时间。互联网和社交网络技术以及全球分布的知识景观促使组织开放其创新过程，并摆脱传统的封闭式创新范式。例如，宝洁公司 2019 年的创新项目研究发现，其开放式创新项目的净现值比封闭式创新项目高出 70%。开放式创新的利益相关者不仅仅是研发人员，而是全体人员，顾客从消费者转化为合作设计者和全球资源的提供者。在数字化时代，顾客可以更加深入地了解企业，企业也可以更加深入地了解顾客。

2.4　渐进式创新与颠覆式创新

2.4.1　渐进式创新与颠覆式创新

创新本质上谈的是变化，在大多数情况下，创新是在清晰的游戏规则下

①亨利·切萨布鲁夫，开放式创新之父。他的研究焦点是管理技术和创新。他的第一本书《开放式创新》阐述了组织和管理研发工作的新范式，第二本书《开放式商业模式》将他关于创新的分析延伸到商业模式、知识产权管理和创新市场，第三本书《开放式服务创新》探索了服务业的开放式创新。

产生的，并且参与者总是试图把事情做得更好。通常情况下，一些企业的表现比其他企业更有效是在游戏规则既定且不会改变的情况下比较得出的。但是，有时候会发生打乱现有体系，改变游戏规则的事情。很明显，改变游戏规则的事情并不是每天都会发生的，但它能够重新界定游戏的空间和边界，它开辟了新的机会，使得市场上现有的企业不得不在新的条件下调整其业务，这也是熊彼特创新理论的核心思想，他认为创新就是创造性颠覆的过程。不同的创新按照创新的程度可分为三种类型：效率创新、渐进性创新和激进性创新，如图 2-5 所示。

图 2-5　创新程度分类

来源：世界经济论坛，克莱顿·克里斯坦森，2013

企业可以通过自身的免疫系统抵御激进式创新。一般来说，企业在创新中的重大权衡是管理的渐进性与激进式变化，也就是开发与探索的权衡。开发与探索源于二元组织的概念，组织二元性描述了企业可以运行当前的开发能力，还可以适应不断变化环境的组织变革探索能力。具有二元性的组织，可以同时显示开发和探索的能力。管理者和组织面临的开发与探索的困境是显而易见的。在短期内，管理者必须不断提高战略、结构和文化的契合度或一致性，但因为这是一个变化且进化的世界，所以这还不足以支持取得持续的成功。从长远来看，管理者可能需要破坏使组织成功的一致性。对管理者来说，这意味着一部分时间在一个相对稳定和渐进式创新的世界中运作，另一部分时间在一个革命性变革的世界中运作，这些截然不同的管理需求要求管理者定期销毁已创建的内容，以便重建更适合下一波变革的新组织。研究表明，如果要克服成功悖论，就需要有灵活的组织，同时追求渐进式和激进式创新能力要求企业拥有多个相互矛盾的结构、流程和文化。

创新的发生有时候不仅是在内部，还可能发生在外部，还有可能是和外部生态联合创新。根据上面提到的三类创新，并结合业务创新涉及的范围，创新又可以有新的分类，如图 2-6 所示：

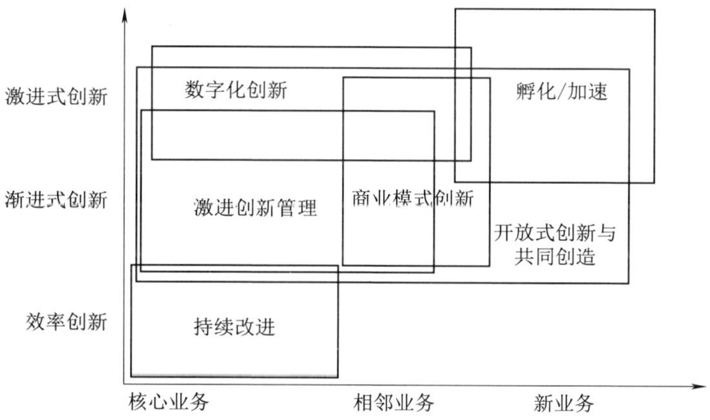

图 2-6　创新范围分类

来源：世界经济论坛，克莱顿・克里斯坦森，2013

2.4.2　颠覆性创新

理解颠覆性创新，需要先了解组织的进化模式。组织演化的模式并不是唯一的。几乎所有成功的组织都经历了相对较长的渐进式变革，其间夹杂着不连续的环境变化和革命性变革，这些不连续性可能由技术、竞争对手、监管事件或经济、政治条件的重大变化造成。例如，中国加入世贸组织改变了市场的竞争基础，微处理器的技术变革改变了计算机工业的面貌等。不连续性变革会破坏组织成功的一致性，除非它们的竞争环境保持稳定，否则当今世界的企业必须面对不连续性的革命性变化，这种模式产生的根本原因可以在一个不太可能的地方找到：进化生物学。组织创新模式随着时间的推移而变化，适者生存，直到出现重大的不连续性。在这一点上，企业管理者面临重组组织以适应新环境的挑战，试图通过渐进式调整适应不连续性的管理者不太可能成功。如果一个环境是稳定的，并且只是逐渐变化，那么一个组织就有可能通过持续的增量变化缓慢发展。但是，许多管理者已经认识到，在一个快速变化的世界中，缓慢的进化就像恐龙一样，是通往墓地的道路。

颠覆性创新理论已被证明为创新驱动增长的利器，无论是小型创业公司还是成功大企业，都将之奉为圭臬。2015 年，克莱顿·克里斯坦森①指出颠覆是规模较小、资源较少的企业能够成功挑战成功大企业的过程。具体而言，成功大企业聚焦于为高要求（通常也是利润最丰厚的）顾客改善产品和服务，因此过分聚焦某些细分需求，却忽略了另一些细分需求。而渴望成功的颠覆性新进企业则聚焦于被忽略的细分需求，通过提供更合适的功能（往往价格也更低），获得立足之地。成功大企业忙于在高要求细分市场中追逐高盈利，无暇对新进企业作出回应。新进企业得以向市场高端移动，提供成功大企业的主流顾客需要的性能，同时保持促进早期成功的优势。当主流顾客开始大规模地接纳新进企业提供的产品和服务时，颠覆便发生了，如图 2-7 所示，颠覆性创新模型。

---

①克莱顿·克里斯坦森是颠覆性技术这一理念的首创者。他的研究和教学领域集中在新产品和技术开发管理以及如何为新技术开拓市场等方面，代表作为《创新者的窘境》和《创新者的解答》。

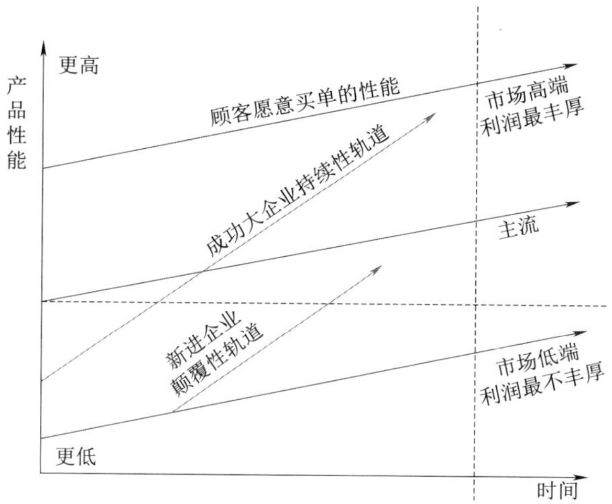

图 2-7　颠覆性创新模型

来源:《从颠覆到冲击:新的竞争态势》,克莱顿·克里斯坦森,2020

颠覆理论的重点并非如何赢得市场立足点,而是如何把握先机,避免与成功大企业正面较量。克里斯坦森在《创新者的窘境》一书中提道:成功大企业未能进行成功创新的原因有很多,陷入成功的陷阱有很多因素,包括专注于当前的成功、专注于日常的业务、对新技术持有怀疑态度、侵蚀效应、颠覆性技术从利基市场涌现、利基市场被低估或者与目前市场不相关、无法理解或者认识新的商业模式、成熟的组织惯性导致适应太慢、传统的方法被应用于颠覆性技术等。

颠覆和惯性是密切相关的。架构惯性(Architectural inertia)的概念是克里斯坦森破坏理论的核心。根据最初的组织框架,由于企业与现有客户的联系,架构惯性使企业无法有效应对颠覆性变化。由于架构惯性使领先的成功者延续其过去成功的做法和专注于现有客户,进入者通过提出一个新颖的解决方案跃居领先的成功者之前,所以颠覆性也是架构惯性的产物。

目前，创新颠覆的速度变得越来越快。从蒸汽动力革命到电能革命用了 100 年时间，从电能革命到信息系统时代用了 70 年时间，从信息时代到现在的资产和消费者互联的数字化时代仅仅用了不到 50 年的时间。按照当前的技术创新速度，变革正在加速发生，根据标准普尔公司的企业平均寿命数据，到 2027 年，有 75％的标普企业将被取代。

第3章

数字技术的创新

数字技术的范围很广。数字技术在许多来源中都可以找到一种称为SMAC IT的分类，即包括社交（Social）、移动（Moblie）、分析（Analysis）、云（Cloud）和物联网技术（IoT）；有的地方数字技术以ABCDE分类，即人工智能（AI）、区块链（BlockChain）、云计算（CloudComputing）、大数据技术（DataTech）和边缘计算（EdgeComputing）。例如，社区空间等社交技术改变了个人之间的工作，可以实现跨越功能、等级和组织界限；移动技术的进步使应用程序能够提供新的通信和信息访问方式；高级分析支持组织理解和利用大量数据。在组织中通常不会仅使用一项技术实现数字化转型，组织往往会选择多种技术形成技术组合。随着组织从数字技术组合中进行选择以转变商业模式、流程、产品和服务，使有关数字技术的知识变得至关重要，涉及机会，也涉及威胁。例如，数据安全、隐私或技术依赖，所以组织在确定应采用哪些技术时面临高度不确定性。

克莱顿·克里斯坦森提出科技泥流的假设。科技泥流的假设指出，企业面对永无止境的科技变革时，就像在泥流中求生，它必须永远保持在泥流之上移动，稍一停顿，就会遭遇灭顶之灾。我们知道，近年来激进式技术变革的速度超过了社会的想象，以更快速度适应变化的能力是每个企业应该拥有的基础必备能力。相关研究机构每年都会发布新兴技术成熟度曲线①，并从中筛选出未来5～10年内最具变革性的技术；2021年发布的新兴技术成熟度曲线将设计信任、加速增长和塑造变革列为一系列新兴技术的三个主要趋势，如图3-1所示。

3.1 人工智能

人工智能(AI)是近几年新兴技术成熟度曲线的常客。人工智能的主要过程包括三种类型的智能行为：问题解决、推理和机器学习。机器学习使用问题分析和推理两个过程获取新的或修改现有的知识，以更有效地实现期望的结果。能够以匹配甚至超越人类智能的方式思考和行动的机器，称为强人工智能；任何计算机都可以执行的人类曾执行过的活动或者任务，称为弱人工智能。弱人工智能的例子有巡检机器人、物流机器人、靶向放射性治疗等。

人工智能价值在哪里创造？我们能想到的芯片、平台与基础设施、模式与算法、企业解决方案、产品解决方案都可以应用人工智能。人工智能创新可以是集中的内部流程封闭性创新，也可以是和客户整合的以客户为中心

①技术成熟度曲线是对各种新技术或其他创新的常见发展模式的图形描述。一项技术（或相关创新）从开始发展到最终成熟期的过程要经历多个阶段，包括创新萌发期、过热期、幻灭低谷期、复苏期和生产力成熟期。相关研究机构每年都针对各种技术和应用（例如社交软件、ERP）、信息和IT服务（云计算、大数据）和行业（零售、人寿保险）领域创建90多张技术成熟度曲线图，用来帮助客户跟踪技术的成熟度和未来潜力。

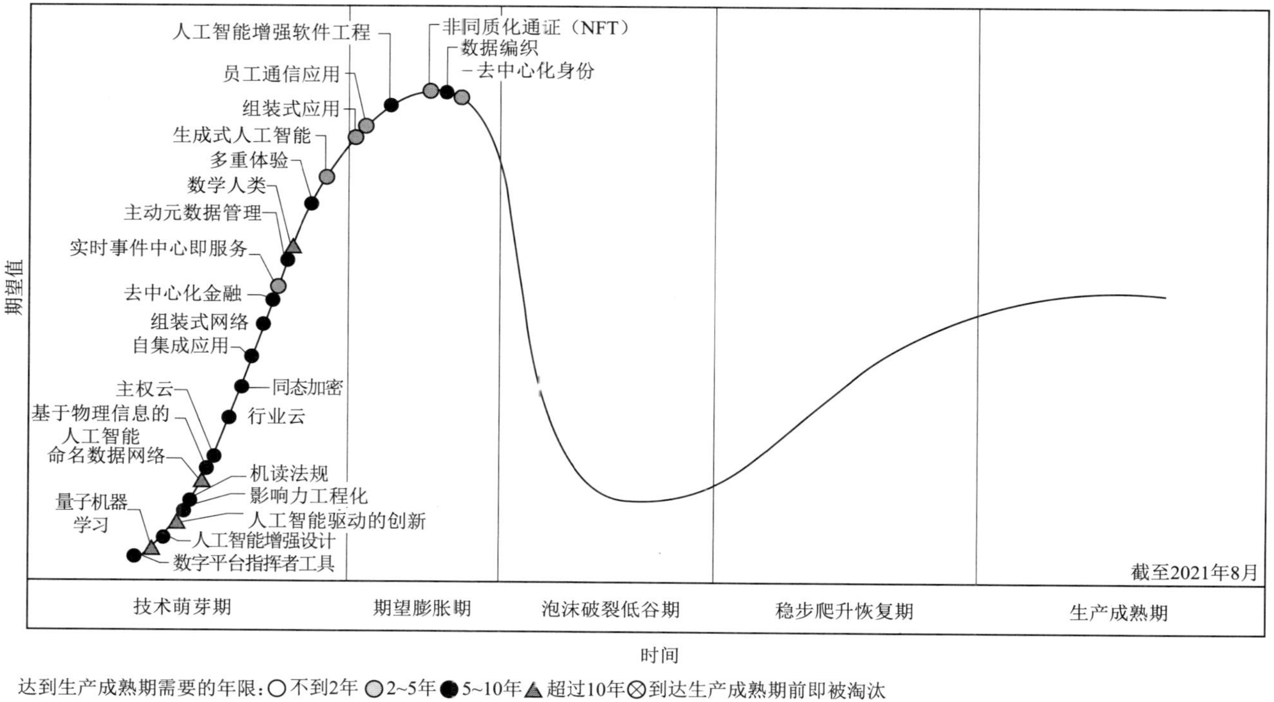

图 3-1 2021 年新兴技术成熟度曲线

来源：https://www.gartner.com/cn/

的创新，还可以是面向外部协作的开放式创新，甚至可以是以网络为中心的组织生态系统创新。为了帮组织制定和判断人工智能创新的策略，研究学者提出基于人工智能的分析工具，企业管理者可以使用这个分析工具，以了解人工智能对行业和自身企业所造成的影响。

该分析工具从两个方面审视人工智能创新的影响：创新的边界及其对组织能力的影响。分类的第一个维度区分了面向产品的创新和面向流程的创新，前者会影响企业的产品，而后者会影响企业的运营；分类的第二个维度描述了创新所导致的能力提升或能力破坏，前者会提升现有的知识和技能，而后者会使现有的知识和技能过时。该框架使管理者能够评估所处的市场以及市场中存在的机会和威胁，从而为制定重要的战略决策提供宝贵的背景和结构信息。这两个维度合在一起可以帮助管理者区分和理解人工智能能够实现的四种创新类型，了解产品或流程创新给组织能力带来的影响，如图 3-2 所示。

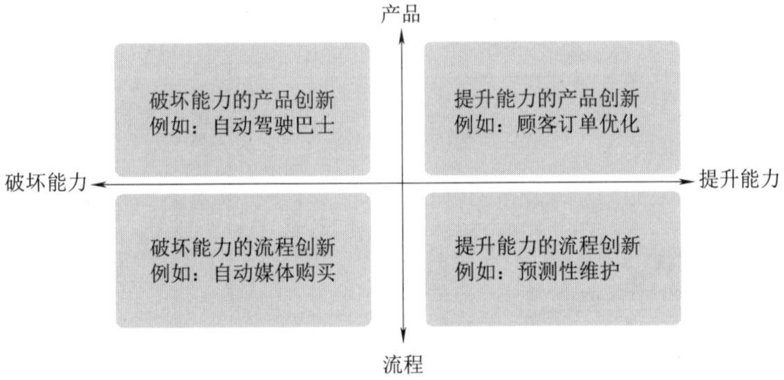

图 3-2　人工智能创新分类及其对能力的影响

来源：《商业视野》，2019

管理人员可以使用这个人工智能分析工具预测人工智能支持的创新可能如何影响其组织的能力。首先，当管理者知道哪些流程或产品可能受到人工智能的影响，以及是增强还是破坏的结果时，他们可以更全面地了解企业面临的风险或机遇，并据此制订计划。其次，管理者可以使用这个框架描绘人工智能如何影响其战略合作伙伴的能力。即使组织不采用人工智能，而是和认可人工智能提升自身产品或流程创新能力的上下游合作伙伴协作，同样可以使得企业在价值链中受益。零售商使用人工智能更准确地预测客户需求，不仅可以改善自身的现金流和库存管理，还可以为提供仓库的运输企业制订更好的计划就是一个很好的例子。然后，管理者可以通过理解人工智能创新的可变性获益讨论确认战略创新组合。为了成功地利用人工智能进行创新，消费品制造商可能投资于增强产品或流程能力的计划；有些高科技企业可能试图破坏现有的行业竞争力，在更大胆的计划上承担更大的风险。这个框架可以帮助管理者决定哪种人工智能的创新目标最适合组织的具体情况。最后，管理者可以跟踪人工智能创新如何为行业内的产品和流程带来价值提升或破坏性变化。过去的企业一直是创新者困境的受害者，当新的、意想不到的竞争者采用新的技术，接管现有企业的市场，甚至导致大企业失败。企业管理者把监控组织内部和竞争对手的人工智能创新进展作为企业持续战略规划的一部分，可以应对人工智能快速的创新速度给企业带来的冲击。

3.2 物联网链接带来的价值无处不在

物联网(IoT)技术也是新兴数字化技术的典型代表。物联网世界通过无处不在的传感器将互联网连接至物理世界中，设备和运算变得更加智能，日常交流的信息更加丰富，这是数字世界与物理世界之间联系的产物。在2018年以来的技术成熟度曲线中，物联网技术风潮再起，新的数字技术和连接无处不在，这将对整个经济产生深远的影响。

智能和互联将赋予产品一系列新的功能和能力，主要分为四类：监测、控制、优化和自动。理论上，一个产品可兼具上述四类功能，每一类功能都有自身意义，并为下一阶段的功能打好基础。例如，监测功能是控制、优化和自动的基础。要实现客户价值和战略定位，企业必须选择要发展的产品功能，无论涉及物或人，互联始终是一种传递信息的机制。智能互联产品的独特之处不在于互联，而在于"物"，正是产品的新能力和其产生的数据开创了一个新的竞争时代。因此，企业不应再局限于技术本身，而应聚焦于竞争本质的变化。

1. 重塑行业架构

要了解智能互联产品对行业竞争和利润能力的影响，首先要研究它们对行业结构的冲击。在任何行业，竞争都是由五种竞争力量所驱动的：购买者的议价能力、现有对手竞争的强度和性质、新进入者的威胁、替代产品或服务的威胁以及供应商的议价能力，这些力量的构成和强度共同决定行业竞争的本质以及现有行业内企业的平均利润能力。当新技术、客户需求或其他因素对这五种力量造成变化时，行业结构就会发生改变。智能互联产品将对众多行业产生冲击，其中制造业所受的影响最大。

2. 重塑制造企业

要生产产品并让产品最终到达用户手中，企业要进行一系列的运营活动，这些活动大多数都在一套标准化的部门运行，这些部门包括研发、生产、物流、营销、销售、售后服务、人力资源、采购和财务等。智能互联产品具备的新能力将改变这条价值链的每一项活动，而数据是这股重塑力量的核心。智能互联产品需要企业对产品设计进行彻底的重新思考。首先在最基本的层面，产品研发要从以机械设计为主转变为真正跨学科的系统工程，即上面涉及的多个部门需要更为紧密的合作。

3. 新的行业边界和产品体系

智能互联产品不但能重塑一个行业内部的竞争生态，更能扩展行业以外的范围。除了产品自身，扩展后的行业竞争边界将包含一系列相关产品，这些产品组合在一起能满足更广泛的潜在需求，单一产品的功能会通过相关产品得到优化。因此，行业的竞争基础将从单一产品的功能转向产品系统的性能，而单独企业只是系统中的一个参与者。行业边界还会继续扩展，从产品系统进化为包含子系统的产品体系（系统的系统），如图 3-3 所示。不同的产品系统和外部信息组合在一起，新的超级系统相互协调从而整体优化，就像智能建筑、智能家居甚至是智能城市。从智能家居的例子来说，它包含多个子系统，例如，照明系统、空调系统、娱乐系统和安全系统等。如果一家企业的产品对整体系统的性能影响最大，那么它将取得主导性的地位，并分得利润蛋糕中最大的一块。

4. 智能互联产品的竞争优势

行业结构不断变化，企业要如何取得持续性的竞争优势？运营效益是企业竞争的筹码。要提高运营效益，企业要在整条价值链采用行业最佳实践，包括先进的产品技术和生产设备、与时俱进的销售模型、信息技术和供应链管理方法等。如果企业无法有效运营并不断改进实践，那么它将在成本和质量上落后于竞争对手。智能互联产品为运营效益设定了新的标准，行业最佳实践的标准也大幅提升，每一家企业都要思考如何将智能互联功能融入自己的产品。智能互联产品将促使企业产生新的客户关系、流程以及组织架构。同时，智能互联产品对制造业的冲击才刚刚开始，未来的变化将会更加剧烈。

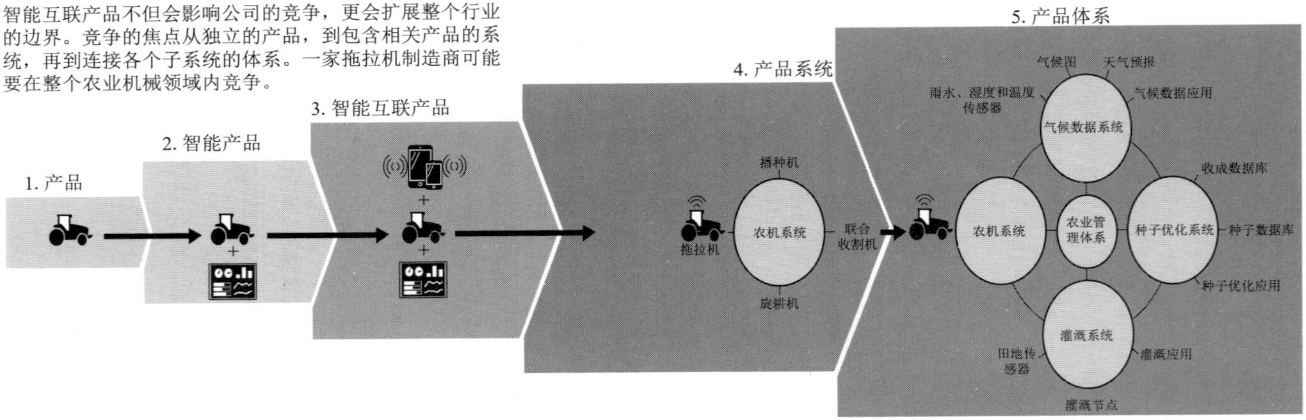

图 3-3　从简单产品到系统的系统

来源：《哈佛商业评论》，2014

(1)新的客户关系:智能互联产品提供了前所未有的新功能以及海量数据,这一切正在改变企业与客户之间的互动方式,企业与客户之间的关系从一次性变为持续和开放式的关系。

(2)新的流程:新的产品功能、新的基础设施以及它们产生的数据,正在改变组织价值链上几乎每一个职能部门,包括产品开发、IT、制造、物流、营销、销售以及售后服务,此外还需要部门之间开展更为紧密的协作。

(3)新的结构:跨部门的新协作形式以及全新的职能部门都将涌现,包括统一的数据管理组织、持续改进的产品售后部门以及专门负责优化客户关系的部门。

3.3　虚拟现实技术带来的极致体验

为了从各种不同的现实形态理解我们的世界,我们求助于哲学家吉勒斯·德勒兹。半个世纪前,在关于增强现实和虚拟环境的讨论变得广泛流行之前,德勒兹描述了我们的世界是如何由真实和可能的结构组成的。真实的构造要么是真实的,例如我们可以触摸的笔记本电脑;要么是虚拟的,例如手机虚拟助手,它们在现实中并不存在,但仍然是真实的,并且可以与之交互。我们通过现实和虚拟连续体解释不同类型的现实,如图 3-4 所示。

真实	AR：增强现实	VR：虚拟现实	MR：混合现实	AV：增强虚拟	虚拟
我们用所有感官体验的真实世界	信息和数据叠加在现实世界之上	真实世界的完整数字表示	将可能的元素引入现实世界	将实际元素引入一个可能的世界	一个虚构的世界主要遵循现实世界的规则
真实的房子	房地产应用程序提供实际房屋的详细信息	一次真实房屋的虚拟参观	在实际房屋中模拟不同的家具，虚拟的或新的	在虚拟新房子里摆放家具	新房子或新家具的3D模型
关键概念：人与物的物理共存	关键概念：将实用性添加到物理共存中	关键概念：实现感知存在和完全沉浸	关键概念：适应实际情况	关键概念：参与可能的场景	关键概念：一个完全不同的世界的愿景

真实　　　　可能

现实连续体　　　　虚拟连续体

图 3-4　现实/虚拟连续体

来源：《商业视野》，2018

现实连续体是在我们周围的现实物质世界中存在的元素或发生的经验：要么是纯意义上的物理现实世界，要么是通过它向我们提供的关于现实世界的额外数据，这个现实连续体包括真实和真实意义上的现实（增强现实）。与现实连续体不同，虚拟连续体反映人们通常与虚拟现实相关联的所有不同类型的现实。虚拟连续体包括虚拟现实、混合现实、增强虚拟和虚拟。虚拟连续体的每种类型都是完全虚拟的，没有包括任何实际的物理世界的物体，只是现实中已经存在的和可能存在的数字版本的各种组合。

(1)现实：现实的概念并不像人们想象的那么清晰，简言之，现实指的是现实的、存在的，它是我们每天导航的物理世界，我们可以用所有感官体验的周围的人和物体。

(2)增强现实（AR）：增强现实是指现实世界与数字信息的融合，是真实的物体和人投射出的一种信息阴影，类似数据的光环。当智能地捕捉和处理这些数据信息时，它可以为消费者提供非凡的价值。

(3)虚拟现实（VR）：虚拟现实是指真实世界或真实世界中物体的完整三维虚拟表示。例如，AutoCAD 软件允许建筑师、工程师和设计专业人员在对实际建筑进行更改之前创建精确的三维图形。

(4)混合现实（MR）：混合现实是指将真实世界的虚拟结构与计算机生成的真实或可能的结构相结合。混合现实不仅将现实中我们周围物理世界的各个方面与虚拟现实的力量结合起来，还将现实与可能结合起来。换句话说，混合现实允许我们体验新的对象或场景，那些实际上并不存在的对象或场景。混合现实将真实和可能、真实和虚拟结合起来，潜在的建议是，我们将可能的对象或场景添加于实际世界场景中。

(5)增强虚拟性（AV）与混合现实（MR）的区别可能很小，但仍然很重要。增强虚拟性（AV）指的是计算机生成的可能的世界场景，包含真实的虚拟结构（即对象和人）。我们可能创建一个虚拟世界，并向其中添加真实的人或对象，就像飞行模拟器一样，它构建的训练场景包括虚拟元素，但也包括同时训练的其他飞行员的飞机。企业可以使用增强虚拟性增强客户体验，它不仅可以管理视觉体验，还可以刺激其他感官系统，如嗅觉、味觉或听觉。此外，增强虚拟性给制造领域提供了机会，特别在维护方面。

(6)虚拟性是现实物理世界的对立物，它指的是一个可能世界的虚拟表现，这种可能包括现实可能，例如设计阶段计算机生成的房屋漫游；或者是完全虚构的，例如乘坐虚拟现实过山车的非实际场景。在虚拟连续体的所有现实类型中，虚拟性是最具未来感的类型。

正如上述已经表明的那样，连续体中的每一个体都依赖于不同的关键概念。在现实连续体中，现实利用了物理共存，增强现实(AR)在这个现实世界的顶部添加了一个信息层。在虚拟连续体中，虚拟现实(VR)实现了感知共存和完全沉浸，混合现实(MR)让用户适应实际场景和可能场景，增强虚拟(AV)邀请实际的人和对象进入可能场景。虚拟性指的是一个完全不同的世界的愿景，它可能成为现实，也可能成不了现实。换句话说，在混合现实、增强虚拟和虚拟中发生的事情有可能在未来的现实世界中发生或存在。在现实生活中，虚拟现实技术的潜力可以推动各种业务应用，包括新产品开发、维护、教育、培训、客户服务等。

第4章

数字化转型的复杂性

数字化是企业创新的必经之路,数字化技术催生了大量新产品、新服务、新业务模式以及新的流程。当数字创新被视为新的产品、流程或商业模式时,就需要组织做出一些重大改变,就需要在相应的战略、流程、服务、产品和组织结构上做出改变。例如,通过平台化架构支撑全渠道创新,利用人性化设计实现以客户为中心的流程再造,这些都是数字化转型的领先实践。如今的企业管理者必须转变思维,重新思考自身的创新战略,以期创新自身业务、培养战略性能力,在竞争中取得领先地位。虽然许多企业付出诸多努力,试图通过打造数字化能力抓住先机,但结果往往不尽如人意,现实中数字化的相关举措并未给企业带来预期的价值。有些企业破冰而行,在部分流程或应用场景中有所突破,也始终未能尽释数字化的全部潜能。在数字化的推动下,一味地独立探索往往会限制企业的创新能力,导致企业错过战略性时间节点。相关研究认为,企业不能仅局限于在组织内寻求创新想法,加入数字化创新合作平台、构建数字化生态系统并引入合作伙伴共同创新,既是对传统创新的颠覆,也是强有力的补充。

4.1 价值链转型

数字技术对价值链的影响包括企业的产品设计、售后服务、营销、人力资源等领域，这些生产活动的变化将直接影响企业的战略选择。在数字化时代，企业需要根据自己的战略目标关注价值链的变化，并选择合适的方法优化、升级甚至改造价值链。企业价值链是企业向客户提供产品或服务增值过程的描述，它主要包括价值主张、价值实现、价值交付、价值传播、价值体验等阶段，每个阶段都存在创新的机会。

4.1.1 产品研发

数字化产品需要企业重新思考产品设计过程。如今的产品拥有复杂的系统，不但包含机械部件，还搭载软件系统或将软件部署在云端。为应对这一潮流，未来设计团队将从以机械工程师为主转为以软件工程师为核心。而软件开发和硬件开发的节奏与频率截然不同，软件开发团队可在一段时间内对应用程序进行多次迭代，但在同一段时间内，硬件团队只能设计出一个新的版本，因此企业需要将不同的开发频率同步。另外，新的产品开发流程要求企业有能力在开发后期，甚至售后对设计进行快速有效的迭代。所以，数字化产品需要一整套全新的设计原则，但目前，很少有传统制造业企业掌握上述能力。

在数字化时代，产品多样性的成本大大降低，这要求企业采取与传统观念截然不同的设计原则：

(1)低成本多样性。在传统产品制造中，提升产品多样性意味着成本的飙升，因为每一件不同的产品都需要截然不同的零部件，然而数字化产品搭载的软件让多样性的成本大大降低。今天的数字用户界面完全可以替代传统的旋钮和按键，通过改变软件控制设置，企业可以轻松且低成本地改变产品性能。通过软件而非硬件满足客户对产品多样性的需求，是非常关键的设计新原则。

(2)持续的设计改进。在传统模式下，产品研发有明显的代际间隔，新一代产品研发会设定一系列改进目标，研发完成后，设计就被固定下来，直到开始研发下一代产品。而数字化产品能通过软件持续获得改进，而且这些改进常常是通过远程软件升级完成的。例如，机器人企业生产的设备，终端用户可以在运行中对它们进行远程监控和调整，企业可以随时发布新的产品功能，这些功能并非最终版本，会随时升级。

(3)新用户界面和增强现实。智能互联产品的数字用户界面可以通过 App 形式搭载在平板电脑或智能电话中，从而实现产品的远程运行，企业甚至可以完全取消产品本体上的物理控制装置。构建功能强大的用户界面是新时代产品设计又一项关键原则。一些产品已经引入一种新的用户界面技术：增强现实。如通过智能电话、平板电脑或智能眼镜，增强现实 App 可以连接产品云，为佩戴眼镜的用户创造出产品的覆盖显示界面，该数字界面包含产品的监测、运行和维护信息，使产品维护保养的效率显著提升。

(4)实时质量控制。为了保证新的产品能够满足客户需求，并尽量降低保修造成的开支，产品质量测试早已成为产品开发的重要组成部分，智能互联产品的出现让质量管理更上一层楼。如今企业可以对产品在真实世界中的表现进行持续监测，从而发现并解决那些模拟测试无法探测到的设计问题。

(5)互联服务。产品设计需要引入新的装置、数据收集能力和诊断分析软件，才能检测产品的健康状态和性能，并向维护人员发送故障警报。随着软件功能的不断增多，产品设计还可以融入更多的远程维护功能。

4.1.2 营销和销售

数字化时代通过智能互联产品，企业可以和客户建立新的关系，这需要新的营销技能和实践。通过对产品使用数据的累积和分析，企业能更好地理解产品如何为客户创造价值，因此更好地对产品进行定位，将产品价值传递给客户。在数据分析的帮助下，企业能以更先进的方式对营销活动进行分层，为不同的客户定制不同的产品和一揽子服务，为客户提供更大的价值。此外企业还可以对这些产品和服务进行更合理的定价，捕捉更多的利润。

(1)新客户分层。智能互联产品提供的数据可以让企业更好地了解产品的使用状况。例如，企业可以掌握客户喜欢产品的哪些功能，无法使用哪些功能，通过对比不同的使用模式，企业可以通过行业、地理位置、组织单元，甚至一些更加微观的角度进行更精细的客户分层。营销人员可以利用深入的客户洞察，定制特殊的产品或售后服务套餐，为某个客户层设计新产品功能，针对某一客户层制定更合理的定价战略，让价格与价值更加匹配，实现精准营销。

(2)新客户关系。企业持续向客户提供价值，产品成为价值传递的载体，而非价值本身。企业通过产品与客户保持联系，两者之间有了持续性直接沟通的新基础。企业开始将产品视为了解客户需求和满意度的窗口，而不再需要通过客户了解产品需求及其运行状况。

(3)新商业模式。一旦完全了解客户使用产品的方式，企业就能开发出全新的商业模式。例如，飞机引擎企业开创了按时计费模式的先河，航空企业可以按飞机引擎的工作时间付费，放弃过去固定产品销售加维修保养费用的模式。如今越来越多的制造企业开始提供类似的产品，即制造服务化的模式，这种模式将给销售和营销工作带来深刻的影响。销售人员的目标不再是达成一锤子买卖，而是帮助客户取得长期成功，这需要双方建立双赢的合作场景。

(4)专注于系统,而非单一产品。随着产品成为大型智能系统的组成部分,客户的价值主张也随之扩展。产品需要与其他相关产品相互兼容,才能保证自身的质量和功能得以发挥。企业则需要决定自己的竞争战场:是产品级别上的竞争,还是提供紧密相关的产品系列,抑或是提供跨越各个产品的平台?

4.1.3　制造与物流

智能互联技术带来了新的制造要求,也催生了新的机遇。由于安装并设置软件将成为制造的最终环节,产品的最终装配甚至可能转移至客户所在地。而且如今的制造流程已不局限于物理产品的制造,因为智能互联产品的运行离不开基于云的软件系统。

(1)智能工厂。智能互联产品的新能力正重塑制造工厂本身的运营,越来越多的设备将在系统中相互联通。在工业 4.0 和智能制造这样的工业规划中,相互联通的设备将能完全自动运行,并优化自身的生产行动。例如,一台设备能够侦测出可能出现的危险事故信号,关闭其他可能受到损害的设备,并呼叫维护人员到事故地点。

(2)简化零部件。当产品的功能重心从机械部件转移为软件,它们的物理复杂性通常也会随之降低,甚至可以减少对物理部件的使用,生产和组装这些物理部件的工作也将随之终结。例如,飞机、汽车和舰船的制造企业也在越来越多地采用数字驾驶舱技术,用单一的显示屏替代繁多的数据仪表。

(3)重塑装配流程。标准平台化已在制造业中逐渐普及,产品的定制化越来越向装配流程的末端转移,这提升了制造的规模效益,降低了企业库存成本,智能互联产品让这一趋势更进一步。产品或云端搭载的软件完全可以在产品离开工厂后进行安装和设置,此过程只需由现场技术人员完成,甚至可以由客户自行完成。

(4)持续的产品运营。到目前为止，制造仍是一个独立的过程，当产品交付后，制造流程即告完成，然而智能互联产品的运行离不开以云为基础的技术堆栈。实际上，技术堆栈应被视为产品的组成部分，企业需要在产品的整个生命周期，不断运行并改进技术堆栈，从这个角度讲，制造将成为一个持续不断的过程。

(5)物流。物流涉及原材料与成品的运输以及产品的交付，智能互联产品最早的萌芽就诞生在这个领域。无线射频识别技术(RFID)在20世纪40年代实现了商业化应用，大大增强了企业跟踪货物的能力，今天的智能互联产品将追踪技术推向新高度。企业如今可以持续地对产品进行追踪，无论货物在何地。即便不用扫描器，企业也能掌握货物当前的位置、到达过的地点和周遭环境的状态。我们相信智能互联产品将带领物流领域进入一个全新的时代。大型远程物流的管理将会彻底改变，企业不但能监控每一个交通工具的位置和状态，还能获得当地的交通和天气信息，为驾驶者提供优化的运送安排。而京东、阿里巴巴等企业正在对无人机进行测试，这些自动无人机可以将包裹直接投递到客户门口，这项技术如果成功，将彻底改变很多产品的物流流程。

4.1.4 售后服务

未来预防性维护成为可能，且能够大大提升服务效率。新的服务架构和服务流程可以利用数据，发现现存以及可能出现的问题，这样企业就能防患于未然，及时对产品进行远程维护。掌握实时产品性能和使用数据，企业就能大幅减少实地修理的成本，提高备用部件的库存管理效率。企业还能预判零件或部件失灵的发生，减少产品停机的概率，提高售后服务日程管理效率。设计团队能从数据中提取有价值的信息，未来就能降低产品的故障概率，减少售后服务需求。产品使用信息还可以用作保修证明，杜绝售后纠纷。

在有些产品中，企业可以通过用软件替换硬件以降低售后服务成本。例如，飞机驾驶舱内的液晶显示器替代了过去的机械刻度盘和电子仪表，而液晶显示器可以通过软件升级。对于工业设备等耐用产品的制造商来说，售后服务能带来可观的收入和利润，其中部分原因是传统的售后服务效率低下。技术人员首先要对产品进行检查，找到故障的原因和需要替换的零件，再二次拜访才能进行修理。智能互联产品和技术提升了售后服务的效率，并且让被动的维护服务转为主动的预防式远程服务。

(1)一站式服务。技术人员可以远程对问题进行诊断，因此可以在第一次拜访时就准备好修理需要的零件；此外他们还能获得修理的相关信息，从而降低拜访次数，提高修理成功率。

(2)远程服务。在很多情况下，技术人员可以对产品进行远程修理，这就像计算机可以通过网络得到远程修复一样。维修人员可以在远程获得原来必须实地获取的信息，他们通常可以通过重启、软件升级或指挥本地维修人员对设备进行修理，这样企业的维修成本、设备停机时间都大大降低，客户满意度显著提高。

(3)预防式服务。通过预测分析，企业能够预测出智能互联产品可能发生的故障并采取行动。例如，银行能监控自己的ATM机，如果机器出现故障的早期信号，企业就可以进行必要的远程维护保养工作，还可以派遣技术人员前往进行调试或更换部件。当添加新的增强功能时，企业可以预先对ATM机进行升级，其中一些可以远程完成。

(4)以增强现实为基础的服务。智能互联产品收集到海量的数据，这使得维护人员能开展新的服务，其中一种新兴方式是以之前章节提到的增强现实技术为基础的服务。增强现实设备不但能显示产品维护所需要的信息，还能提供详细的维修指南，从而极大地改善服务的效率和效果。

(5)新型服务。由于企业可以通过智能互联产品相互连接、收集数据并进行数据分析，因此售后服务的职能将得到扩展，它将提供全新类型的服务。实际上，服务已经成为制造业当前最主要的创新源头，一些新型附加值服务，例如通过新技术延长保修期，为客户提供跨产品、跨序列甚至跨行业的标杆对比服务等，能够为企业带来新的收入和利润增长点。

4.2 组织结构转型

数字化转型引起价值链上的工作性质发生变化，组织架构也将发生历史性的变革。不夸张地说，未来每一家工业企业必须成为软件企业，软件已经成为工业产品不可或缺的一部分。在这样的环境下，企业的组织架构会受到哪些影响呢？在实践中，每个组织架构包含两个基本元素：差异和融合，并通过这两个元素承担各不相同的任务职责。例如，销售和工程实施需要形成职能差异，在组织中将它们设置为相互独立的部门，同时不同部门的活动也需要进行整合协调以达到企业和客户的终极目标。在制造业中，智能互联技术和产品的出现给组织的差异性和融合性都带来了冲击。

在经典的组织结构中，一家制造企业分为不同的职能部门，例如，研发、制造、物流、销售、营销、售后服务、财务和 IT 等部门。此外，很多企业还有从地理位置角度进行的部门划分，这加剧了组织架构的复杂性。为了在企业的整体战略或业务计划上形成合力，各部门需要进行协调并管理产品在生产周期中不同部门间的交接，例如，从设计到生产，从销售到售后服务等，它们还需要从前方获取反馈以对流程或产品进行改进。这些部门间的整合,大部分是通过多个部门组成的团队完成,或是源于产品研发、供应链管理、订单处理等需要多个部门参与的工作流程任务。

随着智能互联技术和产品的崛起,这种经典的组织架构将被打破,产品设计、云计算服务、售后服务和客户维护等流程之间的协作持续不断,没有终点,即便销售完成后亦是如此。临时的协作机制不再能满足业务的需求,设计、运营、销售、售后服务和 IT 之间持续紧密的合作成为必需,各部门的职能有所重叠,边界变得模糊。不仅如此,关键性的全新部门将会诞生,例如,管理所有数据和新型开放式客户关系的部门。从更高的角度看,智能互联产品的丰富数据和实时反馈等特性,正在挑战传统的集中指令和控制式管理模式,分布决策、高度整合且能持续改进的新型管理模式将逐渐崛起。

尽管面临上述变革,但制造企业还需要继续生产和支持传统产品,在一些行业中,这种状况还将维持几十年。今天,即便在先进的大型制造业企业,智能互联产品的份额也不到所有产品的一半。新旧两种模式将在很长一段时间内共存,让企业组织架构变得更加复杂。

那么新型的制造企业到底长什么样? 即便是领先的智能产品制造商也仍在不断摸索组织架构方式,但从中仍可以看到一些明显的发展趋势。首先是 IT 和研发部门之间的协作和整合正不断加深,假以时日,这两个部门以及其他部门都可能会发生合并。其次,企业开始设立三类全新的职能部门:统一的数据管理机构、研发运营部以及客户成就管理部门;同时数据安全职能正不断扩展,并切入多个部门,尽管它的最终结构现在还不明朗。最终,由于任务和角色发生巨大变化,几乎所有传统的职能部门都需要进行重组。

4.2.1　IT 与研发部门之间的协作

在传统企业中,研发部门创造产品,而 IT 部门的职责是管理企业范围的计算和通信基础设施，以及各个职能部门使用的软件工具，例如，企业资源规划（ERP）和客户关系管理（CRM）等。然而在智能互联产品的研发中，IT 部门必须扮演更加重要的角色，因为 IT 硬件和软件如今搭载在产品和整个技术堆栈中。问题来了，谁应该对这些新的技术基础设施负责？研发部门、IT 部门，还是两者共同？目前只有 IT 部门拥有软件和智能互联产品需要的基础设施支持能力。另一方面，研发部门善于研发以及机械和电子部件的融合，不少研发部门也开始掌握将软件搭载到产品的能力，然而，鲜有研发部门在管理云计算设施和技术堆栈方面有丰富的经验。因此，今天的 IT 和研发部门需要持续地将工作融合在一起，然而这两个部门在产品开发上鲜有合作的经验，在一些企业中，双方甚至相互敌对。为了这种新的合作关系，企业出现了各种不同的组织架构。一些企业将 IT 团队融入研发部门；另外一些则建立了包含 IT 代表的跨部门产品设计团队，但仍然保留独立的 IT 部门汇报线。

4.2.2 统一的数据管理结构

由于数据的容量、复杂性和战略意义都在提升，单个部门已经无力进行数据管理，自行发展分析能力或是自行保证数据安全也非常不经济，所以出现了新的统一的数据负责部门负责数据的收集、整合以及分析，并将数据中获取的洞察传递给不同的部门和业务单元。新的数据部门通常由企业的首席数据官（CDO）领导，向首席执行官（CEO）或首席财务官（CFO）、首席信息官（CIO）汇报。首席数据官的职责是统一管理企业数据，赋能组织如何利用数据资源、监管数据权限和接入，以及推广数据分析在整条价值链上的应用。

4.2.3 研发运营部门

由于智能互联产品持续的设计改进、产品运营支持以及升级等特性，企业需要新的职能部门，类似研发运营部。不同于传统的研发运营聚焦企业内部研发过程，这个新部门负责产品离开工厂之后的性能管理和优化，既需要传统研发部门的软件工程专家，也需要 IT、制造和售后部门的产品运营人员。研发运营部门能缩短产品的发布周期，管理产品的升级和修补工作，并在售后提供性能改进以及新型服务。

4.2.4　客户成就管理

客户成就管理是个新兴部门，同样源自软件行业，该部门的任务是管理客户体验，保证客户获得最大的产品价值，它对智能互联产品至关重要，尤其是那些采取产品即服务模式的企业。客户成就管理不一定替代传统的销售和售后服务部门，承担的是销售或售后服务部门无法或不愿完成的工作，包括监控产品的使用和表现数据、评估客户从产品中获取的价值，并尽力提高客户价值。这一新的部门并非独立的竖井，而是需要和营销、销售和售后服务等部门协作。客户成就管理部门将改变企业的客户关系管理。长久以来，客户调研和呼叫中心是企业获取产品洞察和掌握客户关系的主要方式，企业通常无法及时发现问题，直到问题无法解决导致客户不满、投诉。智能互联产品可以成为衡量客户价值的标尺，企业完全可以通过一件产品的数据获取用户体验的大量信息，包括产品的使用和表现、用户的偏好以及满意度等，这些洞察可以避免客户问题的爆发，并揭示哪种新的产品功能或服务能让客户从中受益。

4.2.5　共同的安全责任

在大多数企业中，高管层对数据安全的职责并不固定，首席信息官、首席技术官、首席数据官甚至首席合规官都有可能负责安全工作。然而不管企业管理结构如何，安全工作必定跨越了产品开发、研发运营、IT 和其他部门，研发、IT 和数据管理部门之间的紧密合作尤其重要。数据管理及 IT 部门主要负责产品数据安全，制定用户接入和协议以及合规工作；而研发和研发运营部门则负责增强物理产品的安全性；IT 和研发部门往往要联合负责维护和保护产品云及其与产品的联通。不过，管理安全的最终组织架构仍在不断发展中。

4.2.6 人力政策

智能互联产品为人力资源部门带来了新的需求和挑战，其中最紧迫的是招聘掌握新技能的人才，数字化人才在市场中非常抢手。此外，不同工作方式、不同背景和文化的员工需要融合在一起，这对传统企业来说是个不小的挑战。举例来说，软件开发的时钟要快于传统制造业的开发节奏，敏捷文化和敏捷人才将成为企业的心头好；业务数据分析工作正进化为一种新的职业，这些专家既要有扎实的技术基础，又要有业务敏感度，因为他们能将数据分析产生的洞察传递给业务和 IT 部门的决策者。

4.3 转型可借鉴的方法

新型组织比冷漠的竞争对手更具生产力，增长更快。随着优化产品和服务机会的出现，企业的价值链和核心运营正在发生变化，因此，需要仔细检查现有的战略，并开发未来导向的业务模型和商业模式。数字化转型实施过程参考图 4-1。

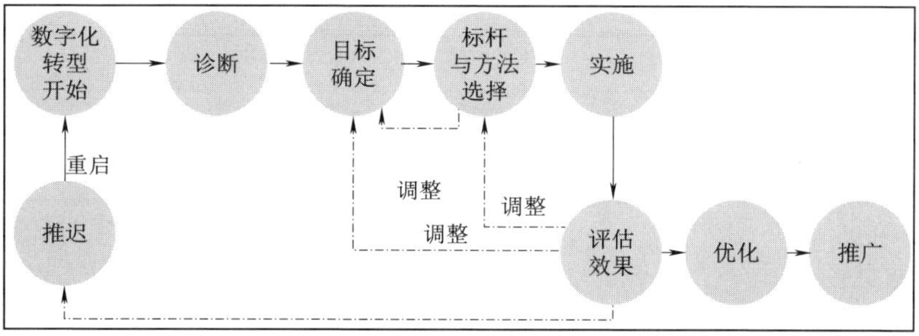

图 4-1　数字化转型实施过程

来源：UCMT 研讨，2020

4.3.1　战略

企业的竞争优势最终要取决于战略。迈克尔·波特等通过研究发现，在智能互联时代，企业需要面对十项全新的战略选择，每项战略选择都涉及取舍，企业必须根据自己特殊的环境进行选择。不仅如此，这些选择相互依存、相互促进并加强，从而形成企业独特的整体战略定位，这十项战略总结见表 4-1。

表 4-1　数字化转型战略选择

序号	战　　略
战略选择 1	对于智能互联产品，企业应该开发哪一种类功能级特色？
战略选择 2	产品应该搭载多少功能？多少功能适合搭载在云端？
战略选择 3	企业应该采用开放还是封闭系统？
战略选择 4	对于智能互联产品的功能和技术设施，企业应该进行内部开发还是外部与供应商和合作伙伴协同开发？
战略选择 5	企业应该对哪些数据进行捕捉、保护和分析，从而实现客户价值的最大化？
战略选择 6	企业应该如何管理产品数据的所有权和接入权？
战略选择 7	对于分销渠道和服务网络，企业是否应该采取部分或者全面的去中介战略？
战略选择 8	企业是否应该改变自身的商业模式？

续表

序号	战　　略
战略选择 9	企业是否应该开展新业务，将数据出售给第三方？
战略选择 10	企业是否应该扩大业务范围？

来源：《哈佛商业评论》，2015

对于在数字化技术实施策略方面，移植组织二元性的观点，企业可以考虑二元技术匹配的双模数字化，它一方面是以可靠性牵引的效率型数字化技术；另一方面是以敏捷牵引的创新型数字技术。效率型数字化技术可以面向消费者端，也可以面向企业端。面向消费者端的可以实现以订单为中心的一体化供应链，通过选择数字化技术实现供应链的上下游打通；面向企业端的企业可以以自动化、质量和效率为目标实现企业的卓越运营。创新数字化技术在消费者端可以实现以客户为中心的大规模定制，在企业端可以实现以产品为中心的研发、制造和维护的全生命周期管理。

4.3.2　组织

数字化转型的组织变革可谓规模浩大，目前，集中的数据管理部门刚刚开始出现，IT 和研发部门的融合也尚在起步阶段。研发运营部以及客户成就管理部仍然非常稀有，但其作用正在不断被认识和接受，假以时日，它们定会崛起为正式的职能部门。

在航空、医疗器械、农业设备等行业，智能互联产品还将与传统产品长时间共存，这意味着，我们描述的组织转型将是渐进式的，而非颠覆式的，新旧两种结构常常需要在一个组织中并行不悖。鉴于变革的规模之大，所需技能之稀缺，很多企业需要采取混合式的或过渡式的组织架构，这样才能充分利用稀有人才，积累经验，避免重复劳动。

那么如何建立过渡性的结构呢？企业可以在事业部的级别上试点智能

互联项目。例如，IT 等部门可以引领智能互联产品战略的实施推进。企业还可以建立转型委员会，并邀请管理者进行领导和监管。一些企业对软件企业进行收购，或与之结成伙伴关系，由软件企业为其开发智能互联产品，这为企业带来了新的人才和知识。

还有一些涉及多种业务的企业，它们正采用多种不同的组织架构。目前在实践中发现了以下三种主要的模式：

(1)独立的业务单元。这种模式下，企业会建立新的独立业务单元，它们独立承担盈亏职责，负责支持企业的智能互联产品战略。新的部门积累了所需的人才、技术和资金，从而将新的产品或服务推向市场，同时与所有相关部门紧密合作。博世集团就建立了独立的业务单元“博世软件创新部门”，该部门帮助企业及其客户开发针对智能互联产品的服务业务。独立业务单元的一大优势是不受传统业务流程和组织架构的羁绊。此外，需要注意的是，独立单元获得的新知识在企业其他部门传播的速度相对要慢一些。

(2)卓越中心。在这种模式下，一个独立的单元掌握了智能互联产品的关键人才和技能，但是它不承担盈亏职责，而是充当其他业务部门都可对接的成本中心。

(3)跨部门委员会。这种模式是召集各个部门的思想领导者组成转型委员会，委员会负责抓住机遇、分享技能并促进协作，这种模式的弊端是通常缺乏正式的决策权威，引领变革的能力因而受到限制。

4.3.3　方法

1.敏捷

敏捷方法与高度形式化的方法不同，它们支持更快、更以用户为中心和更动态的方法，支持需求的频繁更改、迭代开发和按需交付。事实上，在当今竞争激烈、快速变化的环境中，敏捷性是企业最重要的成功因素，这一点得到众多研究者和企业实践者的肯定。敏捷性背后的主要驱动力是变化，这种变化主要体现在客户需求、竞争举措、市场、技术和社会组成部分。

传统开发项目一般采取瀑布的方式，需要经过分析、设计、开发、测试与发布的环节。瀑布模式已经被实践证明有诸多好处，例如，透明的结构开发、较早的确定并承诺最终目标、明确定义互动的里程碑点；而缺点也显而易见，例如，难以适应变更、过程中排除了客户或最终用户、过迟的测试造成产品设计的变更成本加大等问题。所以，严格的瀑布式开发在变革创新环境下需要有所改变，敏捷的思维和开发在产品创新过程中需要体现。敏捷方法包含诸多的原则，例如，认为快速反复测试是基础、越复杂的项目越需要更多的沟通、要拥抱问题和失败、不要忽略学习曲线等。敏捷不仅适用于初创企业也适用于传统的企业。一般来说敏捷的实践需要满足如下几个方面：

（1）管理层扮演鼓励者的角色。团队得到授权，有一定的自主权，并开始精益管理，持续迭代，经常回顾以往的活动，从错误中吸取经验教训，从而建立学习型文化组织。管理层应该支持和容忍小错误，给团队适当程度的自主权，最终成果要能更快速地交付。

（2）跨团队互动。建立能够自我管理和自组织的团队。这个团队要给予信任和支持、追求灵活性，为解决问题创造一个开放的环境，建立面对面的反馈文化，消除障碍，并可以有效合作。

（3）团队中的角色。敏捷教练、项目负责人和开发团队各司其职，共同完成客户目标。

（4）透明度。工作可视化，经常交流，不仅关注现状，还要进行回顾和反馈，让所有团队成员了解最新情况。

(5)拥抱快速迭代的开发。尽快地测试概念，在短时间内快速生成结果，不必苛求完美的技术研究成果，用实验解决争论。

(6)保持精简。原型创建有助于具象化地呈现思考创意，同时有助于帮助改进创新。所有原型都应该有一个核心的测试问题，原型设计靠的就是速度，构建原型时间越长，对自己创意的情感依恋越多，这会影响客观的判断。

敏捷的方法具体可以参考 Scrum 和 SAFe 等成熟的知识体系和方法论。

2. 精益

精益本质上是一种思维和行为方式，旨在最终提高生产率、客户满意度和业务盈利能力。一旦企业开始用精益原则、概念和技术改造自己，就需要让整个企业的所有人都参与进来，并解决期望实施的行为举措。有效的精益转型包括在精益工具的支持下，为了实现质量、成本、周期、安全和员工激励的目标，调整对所做工作的态度和行为。精益的原则和工具包括：准时制、自动化、团队合作、减少浪费和持续改进。在数字化时代，万物互联的数字技术使得精益在质量、成本、效率等方面发挥了巨大作用，使它们得到巨大的提升和改进，数字化精益不仅是在制造业，在服务行业也得到迅速发展。

3. 设计思维(同理心)

设计思维是一种支持创新的方法，旨在将分析与直觉思维结合起来，有助于企业更新自己，以跟上世界变化的步伐，有大量研究提倡使用设计思维创造产品和服务。设计思维是一种遵循由外而内范式的方法，它迫使员工从完全不同的角度思考问题，而不是专注于表面采用新的客户体验方法和技术，这使得团队在专注于优化客户体验时，能够更有效地与高管、企业主和利益相关者互动。设计思维产生在一个高度互动的环境，并通过移情、定义、构思和原型等过程促进创新，已经成为企业为最终用户打造数字产品的关键实践。

设计思维的转变还需要文化的改变，在实际行动中需要建立同理心、迭代、协作等要素。设计思维的第一步就是建立同理心，同理心是以用户的视角，带入用户场景去客观地观察和理解用户的感受，并把这种理解传达给用户的一种方式。改善客户体验的需求是促使大多数组织接受设计思维的最终原因。设计思维从业者会通过观察和分析用户的行为深入了解他们的需求，然后会利用这些见解，根据客户的需求量身定制数字产品和服务。在设计时就考虑到客户应该是当今企业的首要任务，企业必须深入考虑自身建设数字服务的背景，以更好地确保其成功的机会。

4. 持续性颠覆环境下的项目管理

在改进运营效率方面，项目管理作为一种世界通用的管理语言，能够在复杂性管理方面起到重要作用。项目管理的基本框架适用于任何一个领域，在当前的商业环境下，跨行业、跨领域的融合项目逐渐增多，有效的项目管理对组织的意义比以往更为重要。项目管理能够针对数字技术带来的种种变化，更有效地帮助组织在颠覆性时代制胜未来。而相比常规业务，创新业务运营的难度更大，因此也更加需要高效的项目管理。另一方面，通过实施项目管理，创新组织比非创新组织达成计划目标的成功率更高。通常认为，项目团队是应对愈加复杂商业挑战的最好办法，从业者需要重视团队中不同的声音，需要更加关注提升团队的敏捷能力。

正如我们之前章节描述的未来数字化工作的趋势，基于技术的项目工作、个体独立工作，社区工作模式都将造就未来的项目制办公模式。随着市场营销、金融、研发和其他职能部门的工作脱离既定的界限和等级制度，它们也逐渐演变为更多的按需和基于项目的活动。另外，企业内部的数字化转型也需要由跨知识领域和跨功能团队的人员以项目形式开展。目前很多企业已经成立数字化转型项目办公室以统筹指导转型工作，而这样的项目运作形式也是数字化转型的必要支撑。

5. 企业架构

数字化转型本质是利用技术对业务的重塑，包括重塑客户体验、重塑运营流程和重塑业务模式。为了达成重塑的目标，企业数字化转型需要具有数字化的核心能力，即统一的数据及流程、整合的业务和 IT、高阶分析能力及适应客户的解决方案交付。企业架构提供了一个良好的方法框架支持上述能力并开展转型的蓝图规划和实施。企业架构本质是一种练内功的方法，它有助于业务与 IT 的融合，构建业务与 IT 的桥梁，提升数字化转型所需核心能力，因此企业架构是能够助力企业数字化转型的基础方法。

企业架构可以在战略和 IT 规划、业务设计和方案实施方面支撑企业数字化转型。企业架构，类似组织架构，定义不同的组织单元在整个业务活动承担的职责和功能。通过分析不同维度的架构，企业可以明确不同的组成维度在业务中的权责利益划分和变化，将其作为一个极其重要的输入，指导企业后续的业务方案、数据方案和 IT 方案的设计。面向未来的企业 IT 转型，核心是分层平台化模式，即大共享平台加小应用的模式。企业架构通过实施新的应用架构和建设模式，为企业数字化基础设施提供整体运行环境和支持，从而加速企业创新速度，而不是各自为政。

互动小知识

创新剧场

某公司在核心团队中准备启动新产品的创新项目，高层管理人员要求团队起草虚拟的未来新闻稿，其中应描述在市场上取得最终成功的要素，包括愿景、定位、原因等，还应包括在未来三年的开发过程中，所有重大决策以及与项目相关的构件。通过开展此活动，该公司可确保创新团队从一开始就能正确地考虑目标、愿景、独特的销售主张以及实现目标的潜在方式。团队在开发过程中会经常讨论此新闻稿，以确保最初目标得以维持。

规则 1:必须陈述在未来某个时间点取得成功的目标。产品发布时的新闻稿很好，但产品发布前的新闻稿更好，因为可以讨论产品是否取得真正的成功。

规则 2:从客户和用户开始。运用新闻稿解释为什么该产品和服务或流程对客户很重要？用户体验如何得到改善？为什么用户会关心这一点？让用户对这项新服务感到满意的因素是什么？然后讨论其他的重要原因和关键目标。

规则 3:设定一个大胆而明确的目标。阐述已取得的清晰、可衡量的成果，包括财务、运营和市场份额方面的成果。

规则 4:概述取得成功的原则。这是未来新闻稿中最棘手、最重要的内容，确定取得成功所要完成的艰难任务、重要决策和设计原则，讨论取得成功所需解决的问题，尽早将棘手的问题摆在桌面上，让所有成员了解需要做出改变的真实性质。

请根据以上情况练习写一份虚拟新闻稿，其内容包括愿景、目标、创新管理概念以及成功发布的原因，最后还要详细说明如何在未来三年成功实现该目标。

第二部分

窘境：数字化带来新的游戏规则

伴随数字转型，物联网、社交网络、人工智能、大数据分析、机器学习等相关概念大肆被宣传，业务流程管理作为以流程为中心的企业整体运营方法与当下要求快速响应为特征的数字化创新碰撞后产生了冲突，正处于一个重要的十字路口。业务运营和业务创新就像组织的阴阳两面，是否可以实现有序融合甚至流动，是当前组织需要思考的问题。业务流程管理是否能够使用数字化技术改进现有业务流程？是否能够利用社交媒体技术进行流程创新？是否能够为移动流程执行提供理论见解和新的人工制品或工具？物联网在促进知识流动、创新和竞争力方面对业务流程管理有什么影响和作用？又或者从本质上说，数字转型理论发展是否会借鉴 BPM 知识体系？这些问题都值得我们思考和探索。

第 5 章

从认识论看 BPM 发展范式

5.1 范式形成

业务流程管理(BPM)在过去几十年已经相当成熟。20 世纪 90 年代初,迈克尔·哈默和托马斯·达文波特在实践和学术界发起了一系列活动,致力于组织开展业务流程的管理方式。但由于业务流程管理在计算机科学和管理科学中都有不同的根源,所以,很难确定 BPM 的起点,但追溯起源可以从工业革命开始。自工业革命以来,由于技术创新、工作组织的改进和信息技术的使用,生产率一直在提高。亚当·斯密展示了分工的优势,弗雷德里克·泰勒介绍了科学管理的最初原则,亨利·福特推出了批量生产黑色 T-Ford 的生产线。BPM 的贡献是把亚当·斯密、泰勒和福特提出的与工艺相关的工作带入企业高层,并使工艺成为跨行业和学科的主题与战略设计的内容。BPM 的跨学科性虽然得到了承认,但不可否认的是它的范围过于宽泛、包罗万象。虽然作为一个领域,BPM 似乎非常零散,但 BPM 也有自己的范式发展。

范式(paradigm)的概念和理论是著名科学哲学家托马斯·库恩提出并在《科学革命的结构》中系统阐述的。库恩指出:范式就是一种公认的模型或模式，从本质上讲范式是一种理论体系和理论框架，在体系框架之内的范式理论、法则、定律都被人们普遍接受，它是开展科学研究、建立科学体系、运用科学思想的坐标、参照系与基本方式，是科学体系的基本模式、基本结构与基本功能。范式具备的特点是在一定程度内具有公认性，同时也是一个由基本定律、理论、应用以及相关的仪器设备等构成的一个整体，它的存在给科学家提供了一个研究纲领。范式的发展一般会经历范式前阶段、范式稳定阶段、范式冲突阶段。

BPM 也具有自己的范式。表 5-1 虽然所选择的理论角度不同，有的从设计角度，有的从分析或解释角度，但从更一般的意义上讲，所有 BPM 研究都遵循一些共同的假设，例如，流程是什么，流程应该被解释和管理等，所以 BPM 的核心是研究各种流程以及流程如何被管理或被改进。表 5-1说明，BPM 确实可以被视为一个理论范式，范式中可以有多个理论，前提是在最一般的层面上，遵循一组共同的假设，这在大多数成熟领域都很明显。例如，在心理学中，大型思想流派遵循人类作为符号处理器的范式；而在经济学中，许多研究都建立在人类是理性决策者的范式上。

表 5-1　文献中关于 BPM 的不同理论观点

理论类型	定　义	BPM 研究和一般流程研究中的精选示例
分析理论	描述并分析 BPM 现象的本质以及它们之间的关系	描述和分析不同工作流引擎支持特定流程的程度
解释理论	解释某些 BPM 现象发生的方式、原因和时间	研究哪些流程重新设计是有效的 组织变革是如何通过流程改进实现的
预测理论	说明在特定条件下 BPM 现象会发生什么变化	使用流程挖掘技术预测流程完成时间 通过将流程建模为业务行动网络预测其稳定性和变化

续表

理论类型	定　　义	BPM 研究和一般流程研究中的精选示例
解释和预测理论	提供关于未来 BPM 现象将如何、为什么以及何时发生的解释和预测	解释和预测流程建模语法持续使用的理论 解释和预测 ERP 软件在业务流程再造中的作用
设计理论	给出构建 BPM 人工制品的明确规定，例如，方法、技术、形式和功能原则	支持流程集体共有责任的信息系统要求 开发高级流程模型存储库

来源：《信息技术理论与应用》，2014

迈克尔·哈默给出了 BPM 的七个关键假设，被认为是 BPM 的公理原则。表 5-2 列出了这些假设，并将其分类为核心假设和保护带假设，还提供一些 BPM 研究的示例，这些示例检验了这些假设。例如，假设 1 描述了 BPM 的基本主张，即我们可以将一个组织作为一组流程进行查看和分析，这一假设引发了对流程建模的大量研究，作为流程可以被描述和形式化为流程模型集的方法，以及我们如何改进流程建模以提供更好的描述。假设 2 和假设 3 表明，使用这种面向流程的观点，我们可以检查组织的有效性，并对工作方式提出改进建议，这催生了不同的流程再造理论和流程改进理论。假设 3 促使大量计算机科学研究人员研究如何开发信息系统支持流程的有效执行。所有这些关于 BPM 开发和研究的共同点是：流程的概念、流程的意识或更广泛的流程导向的概念。这和我们企业实践中提出的流程管理的三个阶段是一致的，即流程生命周期管理（BPL），流程管理（BPM）和流程型文化组织定位的业务流程导向（BPO）。因此，可以认为，作为设计和分析信息系统和工作系统的指导原则，设计、维护和发展流程是 BPM 范式的基石。

表 5-2　BPM 和 BPM 研究计划的假设

序号	假设类型	假设描述	解决该假设的 BPM 研究示例
1	核心假设	所有的工作都是流程工作	我们如何使用流程模型来描述组织
2		任何流程都比没有流程好	如何重新设计流程
3		即使是一个好的流程也必须有效地执行	如何设计系统以自动执行流程
4	保护带假设	好的流程总比坏的流程好	哪些重新设计的方法使流程更好
5		一个流程版本比多个流程版本好	如何支持和执行流程标准化
6		即使是一个好的流程也可以变得更好	如何挖掘流程数据，以了解并从运行的流程实例中获取信息
7		每一个好的流程最终都会变成一个坏的流程	BPM 功能如何随时间演变

5.2　范式冲突

流程或者流程导向是一种公认的组织设计范式，作为相关的管理学科，BPM 致力于实现两个总体目标，即改进业务流程和管理业务流程能力本身。长期以来，流程改进一直是流程决策者的首要任务。由于业界的高度关注，BPM 社区已经开发出支持流程发现、设计、分析、实施和改进的成熟方法。业务流程管理用于确定流程范围、建模、分析、实施、执行、监控甚至挖掘流程的技术、方法和系统，在大多数情况下可以在企业实践中部署。事实上，许多 BPM 功能现在已经成为一种商品。同时我们知道，BPM 致力于改进企业开展跨职能工作的方式，并确保企业范围内的能力可用，从而实现对整个业务流程生命周期的有效管理。在过去的几十年中，BPM 有一个强大的内在驱动焦点，其特点是对于浪费、变化或成本相关的流程问题进行合理的识别、分析和解决，因此，出现了大量的知识和方法，例如精益管理、六西格玛或工作流管理。然而，机会丰富的环境和快速出现的数字技术需要新的 BPM 功能，数字技术不仅注重流程自动化，而且还支持全新的业务流程，这意味着当前的一套 BPM 方法已经不能满足需求。

如今，数字技术有望改写竞争规则。数字技术已经在改变现有的工作实践，并且在未来还会发生更多的变化，从而迫使组织能够重新设计其业务流程。BPM 数字化创新影响着组织的战略和运营水平，正在改变并创造改进业务流程的新机会。例如，使用智能设备加速流程改进，以使组织在预算内更快地运行；新 IT 可以使用基于互联网的智能设备自动执行多个手动任务；社交技术的广泛使用鼓励了营销中的推拉因素，从而增加了销售量和客户互动；新兴技术也有助于过程分析，即以快速有效的方式进行跟踪和监控。虽然上述的例子展示了诱人的数字化 BPM 的好处，但更多的问题在于许多组织仍然缺乏数字技术方面的知识，也缺乏确定应采用哪些技术促进其业务流程的知识。有关的一次实验发现，850 名 C 级管理人员中只有 7%的人认为他们的组织能够理解数字化的价值。BPM 功能正在随着数字创新而重塑。数字创新应用新技术解决现有业务问题和实践，以实现新的业务模式、产品、服务和流程。新兴技术影响业务流程中任务的执行，支持工作团队之间的协调，并影响整个 BPM 生命周期，并且在重新设计阶段影响更大。

尽管数字创新借助新兴技术改变了 BPM，但需要更多的研究和实践来充分抓住这些机会。BPM 的范式研究在概念和方法的选择上往往要求相当稳定，这就给其他观点和方法留下很少的空间。新技术的出现，BPM 的不适应症状让我们可以提出这样的问题：BPM 的防护带是否需要变化？是否出现了范式冲突？数字化时代是否会出现 BPM 的范式转移？

5.3 新范式形成

产品和服务的数字化是一个快速发展的全球大趋势，它改变了所有行业的价值网络，所有行业的组织都经历了客户需求的快速变化。数字化可定义为采用数字技术改善或破坏商业模式、业务流程以及产品和服务的过程。因此，高度动态的业务环境不仅使组织能够抓住数字机遇，还迫使他们对不断变化的业务规则做出反应。在进行数字转型时组织必须应对各种挑战，例如，应对快节奏的技术创新以及重组业务流程、组织结构或文化。

BPM 遵从自己的范式，创新也有自己的发展范式。在数字化时代，BPM 和数字化创新再一次出现了正交汇聚，BPM 和数字创新属于同一事物的两个方面。20 世纪 90 年代，BPM 的最初版本受到数字创新的启发，当时的新兴技术，例如，计算机网络和数据库，也使得重新设计工作流程成为可能，并取得了巨大的成功。但是早期的激进方法演变为我们在当代 BPM 中看到的更加保守、渐进的方法。现在，不管是好是坏，物联网时代的数字创新正在重新设计和重新发明 BPM，在某些情况下，甚至在没有任何准备的情况下，完全摧毁了 BPM 的运作模式。然而，流程、技术和产品是相互缠绕的，BPM 和数字创新仍然是互补的，彼此有很多可以学习和提供的东西。为了充分利用这种互补性，两个领域都需要检查自己的假设、方法和问题，需要彼此开始展开对话。BPM 需要提供一个更开放、更包容的视角，为此，研究人员开发了BPM促进数字化转型的方法。例如，通过强调新IT在重新设计项目中的重要性，或是探索组织的BPM成熟度与数字化创造价值的能力之间的相关性，又或者检查新兴技术和信息系统的集成对流程改进的影响。另一个重要的显性化表现就是当前的技术革命导致了二元BPM的范式转变，也就是从开发式BPM向探索式BPM的转变。开发式BPM集中于特定流程中痛点的构造，而探索式BPM则是关于流程中机会点的识别，这种转变将BPM由内部转向客户，由运营转向创新，由过程转向价值，从解决问题领域转向设计问题领域。

绝大多数人类，包括企业管理者都是习惯性的生物，他们寻找确定性，并利用现有的技能和专业知识开展活动。但数字化技术的出现使BPM的工具、方法和系统仍然面临无数的挑战，需要开发新的算法和解决方案。如果将大量资源分配于流程建模、流程分析、流程执行和流程挖掘中，范式的惰性使人们不再关注更具破坏性但也不太可预测的流程创新挑战。鉴于已经出现的敏捷BPM、价值BPM、客户BPM、二元BPM等研究和应用的多样性，预示BPM范式冲突的呈现，我们可以有一种积极的预测，BPM的新范式可能已经来临。

第 6 章

BPM 的信任危机

6.1 BPM 学科的模糊性

业界和学界普遍认为 BPM 是信息系统学科中的一个新兴领域。1950 年前后，计算机和数字通信基础设施开始影响业务流程，这导致工作安排的巨大变化，并促成了新的经营方式。业务流程变得更加复杂，严重依赖信息系统，而且还跨越多个组织，因此，流程建模变得至关重要。流程模型通过提供洞察力和记录过程帮助管理复杂性；信息系统需要根据精确的指令进行配置和驱动；跨组织流程只有在对所需交互达成一致意见的情况下才能正常运行。所以，计算和通信方面的创新仍然是今天几乎所有业务流程变化背后的主要驱动力。

BPM 也可以作为行为科学对待，这个视角把业务流程放置在组织的上下文中，描述和理解人和有关的组织行为。行为科学的视角经常与认知心理学和组织科学交叉，它需要调查人们的感知和信仰，他们做什么，以及他们为什么这样做；它很难通过正式的证据获得，而是需要实验、调查、案例研究等实证研究方法；它还需要对社会和认知理论的透彻理解，对研究假设的仔细定义，以及对统计方法的认真应用。行为科学类型的

BPM似乎与流程发现和流程重新设计有某种关联，因为两者都是由人执行的组织性任务，所以与流程监控和组织流程实施相关的组织绩效也可以从这个角度受益。例如，可以进行流程分析和控制研究，以检查决策者如何感知流程分析或流程数据，以及这些合法或不忠实感知如何影响有关流程的决策。

BPM还可以作为一门设计科学，视为一门工程学科，其研究目标是设计在管理业务流程的上下文中提供优异效用的组件或者方案。

综上所述，BPM被认为具有跨学科的性质，包含计算机信息技术、管理科学、行为心理学、设计工程学等，通过不同学科的知识应用达到分析、设计和改进运营业务流程的目的。组织和管理科学关注如何分析和设计业务流程、如何实现流程标准化、如何管理流程创新；行为心理学关注业务流程执行的问题，为什么人们不遵守而是偏离业务流程的要求，怎样才能让人们遵守业务流程和相关制度；计算机领域关注并开发业务流程建模、制定、分析和模拟的工具和信息系统。

BPM的跨学科性虽然得到了承认，但不可否认的是它的范围过于宽泛、包罗万象。例如，流程管理著名学者简·沃姆·布罗克①和迈克尔·罗斯曼②关于BPM的一个定义是"一种整体管理方法，其重点是保证组织的所有方面与其客户的需求保持一致，并同时提高业务效率。"业务流程管理协会（ABPMP）③将BPM定义为一种系统方法，用于捕获、塑造、执行、记录、测量、监控和指导自动和非自动流程，以实现协调和可持续的企业目标。从生命周期的角度来看，BPM包括流程的识别、定义、建模、实施、执行、监

①https://www.researchgate.net/profile/Jan-Vom-Brocke

②http://www.michaelrosemann.com

③https://www.abpmp.org

控以及改进。从企业定位来看，流程可以分为核心流程、支持流程和管理流程。核心流程为客户创造价值，支持流程确保核心流程正常运行，管理流程帮助规划、监控和控制其他流程。BPM 可以使用五个基本视角描述业务流程，即过程任务的时间行为（行为视角）、过程的功能元素（功能视角）、任务分配给参与者（组织视角）、原子活动的实施（操作视角）和信息实体（数据视角）。除此之外，每个流程都可以通过不同的性能维度进行表征，例如，成本、灵活性、质量和时间的维度。一般而言，流程被定义为涉及多个参与者和对象的相互关联的事件、活动和决策点的集合，这些事件、活动和决策点共同导致至少一个客户有价值的结果。所以，BPM 是监督工作如何执行的科学和实践，用以确保一致的结果并利用结果发现并实施改进机会，它的目标是通过优化和管理企业的业务流程提高企业业绩。

诸多对于 BPM 的定义表明，BPM 的主要关注点分为三类，包括：使用资源、工具和技术进行管理并控制、监测、操作和实施的流程全生命周期；聚焦业务流程绩效的运营管理；围绕业务流程管理在企业实现组织级管理，通过一致的业务设置和成果，支持组织实现其目标。

可以看出，BPM 可以广义地描述为一种左右兼顾的管理学科，它提供方法和框架，并使用技术支持战略协调和治理，促进组织运营流程的一致结果，并通过不断优化和整合提高业务绩效需求，以及理解、记录、设计、分析、模拟、执行和监控业务流程。如果对什么是 BPM 或者什么不是 BPM 没有清晰一致的理解，那么就存在这样一种困境：几乎任何东西都可以被解释为 BPM，因为事实上每一项活动都是某种流程或流程的一部分。BPM 的模糊性及广泛性容易造成大家对其期待过高，因为什么都可以包括，势必会导致大家理解为什么问题都可以解决。事实上，没有一种工具方法理论是可以解决所有问题的。

6.2 流程改进的黑盒子

增强组织产品和服务的一种常见方法是改进基础业务流程。因此，业务流程管理的一个总体目标是改进业务流程，业务流程改进被视为业务流程管理生命周期中最具增值性的阶段。如果适当使用业务流程改进方法，组织可以保持竞争力并创造持续价值。在过去几十年中，出现了很多成熟的业务流程改进工具箱，包括全面质量管理、精益管理、六西格玛和业务流程再造等方法，这些方法旨在减少时间和成本，提高质量和灵活性。

流程管理的革命性标志是，从将组织视为具有独立职能和产出的部门集合的观点，转变为将其视为跨职能和联系组织活动的相互关联的流程系统的观点。流程是活动的集合，这些活动合在一起为客户产生输出。客户不仅包括组织产品或服务的外部消费者，还包括流程之间连接点的一系列内部接收者，因为上游过程的输出将成为后续过程的输入。流程改进是业务流程管理生命周期中最具增值性的活动，尽管有成熟的知识体系，但在企业实践中支持流程再造和创新的方法非常有限，其方法长期以来因缺乏将流程改进付诸实践的指导而受到批评。虽然成功的案例将业务流程改进项目的价值描述得激动人心，我们看到国内少数企业在这方面取得的成功，但这种成功被复制的可能性很小。在实践中，绝大多数流程改进方法侧重于改进前后的活动，改进想法的推导和改进过程是在一个黑箱中进行的，这就导致成功的流程改进项目的结果可以事后被观察到，但没有可靠的方法实现复制。此外，许多流程改进项目造成高投资，存在流程管理者很难预测改进项目效果的弱点。所以流程改进项目失败的主要原因除了组织、文化的不匹配，更重要的原因是技术、方法和系统的缺失。流程改进项目失败的频率严重损害了流程管理的声誉，并使许多流程改进项目搁置。

在实践中，许多企业表示对流程改进项目的结果不满意。BPM 是否面临成为可消耗的、对实践和研究都没有吸引力的威胁？这种不成功的业务改进罪魁祸首是人们对 BPM 的看法过于狭隘。大多数 BPM 计划仍然遵循一刀切的方法，不区分外部或内部突发事件，因此可能导致组织内部对 BPM 的支持出现重大问题，这种一刀切方法产生的困难和相关的失望会对 BPM 的感知产生负面影响。BPM 实施的时候不关注场景和业务上下文，对所有组织流程应用同一种食谱方法，是 BPM 项目失败的一个主要原因。因此，需要调整 BPM 以适应现有环境，它需要适合组织，特别是根据流程性质，例如，自动化程度、标准化程度、重复性等因素，区分业务流程的管理策略，这就是流程管理的上下文感知，或者是情境化。上下文感知原则指出 BPM 需要考虑给定的组织环境，涉及区分组织之间的 BPM 上下文因素，即 BPM 的规模、战略、行业、市场和目标，以及组织内部的 BPM 上下文，例如，流程或可用资源的类型。与大企业相比，小企业用于 BPM 治理的人力资源可能更少，而特定的 IT 系统可能不会在所有流程中产生相同程度的效率提升。上下文意识的原则根植于权变理论，根据这一理论，组织有效性是基于组织特征和偶然事件之间的匹配，即环境因素。因此，最好的管理方法是特定于环境的，这要求组织适应给定的突发事件。虽然对这一原则的理解涉及 BPM 上下文感知的实施，但现有的 BPM 已经探索了流程对其给定上下文的适应性，尤其在上下文感知的流程建模方面或是上下文感知的流程挖掘方面。

6.3 关注价值的困惑

当前的 BPM 功能集中于开发方法、工具和系统，而较少涉及实际业务流程的价值。我们可以看到学术、厂商、企业工作的重点主要集中在流程建模符号、流程分析、评估技术和工作流管理解决方案的流程执行能力，这些工作重心确实使自动化流程的能力大大增强，但与实际业务流程并没有关联。在实践中，企业在实施 BPM 的过程中对实际业务关注的也比较少。例如，报告流程管理工作是其主要工作职责，同时包括不直接聚焦业务的流程职责，如流程建模技术或流程管理卓越中心或办公室。如今，许多大企业都有流程管理卓越中心或办公室，但它的范围和影响通常都很小，即使有时候可以实际接触业务开展流程管理和改进活动，这些业务往往也不在企业的战略主导方向上，导致在许多情况下，企业在报告 BPM 的实际成就和价值方面存在不足。所以提出更注重如何开展工作而不是收集证据证明其价值主张的职责目标至关重要，如果做不到这样，就是在一定程度上对持黑箱观点的人的认同，甚至是对 BPM 信誉的妥协。

就 BPM 的价值探讨，在相关联合研究项目中发现，经常缺乏对 BPM 预期结果的明确关注是其可信度有限的主要原因。BPM 计划通常由活动驱动和其内部性质的定位意味着这些项目很少走在企业发展的关键路径上。此外，即使确定了推动 BPM 计划的价值，现有的 BPM 方法通常也无法针对这些特定价值进行定制。所以，以价值驱动的 BPM 有助于提高 BPM 的价值敏感性，企业在实践中需要确定 BPM 计划真正重要的价值观，以及评估 BPM 解决方案支持这些价值的程度，从而缓解 BPM 信任危机。

关于价值驱动的另一个问题就是成熟度评估。尽管 BPM 能力成熟度模型很受欢迎，但由于各种原因也受到了批评。首先，成熟度模型的典型设计遵循一个基本的预定增长逻辑，这种方法把现实过于简化，而且缺乏经验基础。与能力成熟度模型的标准布局相反，研究人员已经得出结论，BPM 能力可以通过多种方式进步，并且没有通用的路径。事实上，BPM 能力的进展并不总是线性的，不是总朝着前进的方向，也不是普遍遵循相同的阶段。其次，在组织中应用 BPM 能力成熟度模型解释和指导能力进步的价值也受到了深刻的质疑。一个组织需要采取哪些步骤将其 BPM 功能从一个级别提升到另一个级别，这些模型很少能明确说明这些步骤。相反，选择改进措施的建议只能从两个后续级别描述之间存在的隐含差异得出。此外，也有学者指出，现有的 BPM 能力成熟度模型没有为选择改进措施提供决策支持，并且在如何确定特定于组织的 BPM 功能目标状态时保持沉默，例如，在考虑成本效益关系或组织特定目标的情况下如何选择改进措施。

近几年，企业已经关注 BPM 的价值导向，而且意识到价值导向对 BPM 的重要性，但实际执行中却不乐观。BPM 的价值导向强调 BPM 作为实现组织变革和创造价值的管理方法的作用，它表明 BPM 需要与战略任务和目标保持一致，它需要关注 BPM 创建业务和组织系统透明度的能力，这种透明度有助于产生的价值。BPM 的价值导向强调了价值创造可以通过 BPM 提供的不同机制实现，机制的选择应与战略目标相一致，例如，效率提高、法规遵从性实施、与业务合作伙伴建立网络和提高敏捷性。虽然这一原则看似显而易见，但实际上却常常被遗忘。案例研究表明，BPM 的目的是多方面的，BPM 有可能服务于多种目的，如流程责任人的意识、企业的文化建设、组织的绿色倡议等。在实践中，BPM 活动的一个常见陷阱是过度完成某些任务，例如流程建模，忘记了创建一个真正被理解并达成共识的流程改进机会的真正目的。流程管理著名学者罗斯曼甚至提出 BPM 在实践中变成了艺术之旅，这种艺术之旅变成了一种自我吸收的运动，在没有实现更大、更广泛目标的情况下获得并吸收成为自身的动力，也就是企业中常说的自我闭环运作。糟糕的是，这种未能实现价值的目标可能导致企业管理层和全员的不满，甚至最终导致 BPM 实施的中断。

6.4 内部驱动的先天不足

BPM 孤立地表现为一种倾向于内部的管理方法，并试图增量改进流程，而不是通过决定性创新改进流程。以精益管理、六西格玛或全面质量管理为代表的增量改进一直是 20 世纪 70 年代至 90 年代卓越运营计划的历史焦点。所有这些计划都非常强调控制，同时提供了探索范围和固定问题解决方案的工具，这些方法的重点主要是在其当前运营范围内持续改进现有业务流程，核心是现有业务流程的发现和建模，目标是确定浪费和相应的根本原因，以便在新流程中消除浪费。业务流程管理的重点是内部业务流程，纯粹利用业务流程的方法将不足以满足未来的需要，因为只关注内部的、反应式的简化会让现有业务流程失去对客户的注意力。

BPM 的简单逻辑是通过问题空间的出现制定解决方案空间，这种关注内部和反应式的 BPM 仅限于搜索固定的问题空间时，它很容易受到制定问题空间相关成本的影响。这一问题在还原流程建模过程中很常见，即业务现状分析，通常是相当长的时间和成本投资，效益不明确、间接或不确定。此外，通过将 BPM 局限于现有问题，管理者放弃了采用在问题出现之前搜索和实施解决方案的主动方法提供解决方案的机会。如果 BPM 纯粹是被动的，管理者就需要等待数字创新影响现有业务流程，并显示需要修复的问题，这也证明了为什么纯粹专注于内部驱动 BPM 的卓越中心往往规模较小，在企业范围内的可见性和影响力都有限。

关注内部的 BPM 带来的另一个问题是客户意识的落地实施困难。尽管许多组织声称对流程采取以客户为中心的观点，但实际客户很少参与业务流程的分析或设计。一般来说，客户在使用特定于提供商的业务流程之前的流程体验通常不会被捕获。例如，一个接收客户售后投诉的流程只是客户投诉端到端流程的一部分而已，在客户投诉之前流程是不被捕获的。有研究表明，在实际工作中，几乎没有任何一家执行 BPM 计划的企业将其客户或潜在客户纳入其未来流程的设计，这种现象导致一种可以想象的场景是企业设计的新流程方案，要努力说服自己和客户认为这是最好的最正确的解决方案，因为企业自己也不清楚真正的客户流程是什么。

6.5　保健因素与激励因素

赫茨伯格提出了组织激励保健的双因素理论，强调激励类工作因素能导致满意感，而另外一些保健类因素则只能防止产生不满意感。在实施成熟的 BPM 企业，BPM 很可能处于保健因素的地位。BPM 的业务流程改进是在已有标准化流程的基础上实现持续改进，或者是渐进式变化，本质上和创新的探索性不同，是一种开发式渐进式创新。以方法和系统的形式实施的 BPM 功能已经在市场上广泛可用，并且通常可以免费获得，例如，流程建模编辑器。开发性分析和执行技术已经成为许多大学的课程，而绝大部分业务分析师现在已经具备应对所有与执行相关的 BPM 挑战的能力。在许多情况下，开发性 BPM 甚至可以被视为一种商品。即使开发性 BPM 确实可以被视为一种商品，一种保健因素，那么它也并非没有自身的挑战，也存在未充分利用的流程模型存储库、耗费大量资源且持续数月的流程分析项目或流程执行失败导致大量批评。更进一步，作为企业一种保健因素，在已经成为商品的企业成熟能力中，即使 BPM 发挥再大的作用，利益相关者也有可能得不到他们想要的认可，除非带来实质性或者创新性的运营收益，否则很难再让高层和董事会感到兴奋。

虽然 BPM 的能力得到巨大的发展，也形成良好的基础，这些成就需要得到鼓掌。然而，BPM 基于内部运营的范式，在理论和实践中存在一些先天的不足，这些都是造成 BPM 信任度不高的原因。鉴于新兴数字技术的多样性，组织不仅面临流程改进的黑箱，还面临数字技术的高度不确定性以及业务流程改进频繁、灵活性和动态性的挑战，这无异于雪上加霜。所以可能的机会是引导未来的实践工作从开发性 BPM 转向探索性 BPM，在机会丰富的环境中对价值敏感的 BPM 方法利用新兴的技术解决方案促进整个新流程体验的设计，并通过提高数字素养满足不同消费者群体的不同需求。

第7章

运营与数字化创新的冲突

7.1 开发与探索的冲突与平衡

组织科学中的观点是，组织的长期成功取决于开发现有的能力，同时探索全新的竞争能力。组织管理学家塔什曼和奥莱利在1996年首次提出了组织二元性理论①，他们描述了实现二元的结构机制，如图7-1所示，并认为二元组织具有优越的性能，是能够同时利用开发能力保持现状和探索能力发掘新机会的灵活组织。事实上，开发和探索源于不同的学习能力。开发是指通过局部搜索、经验提炼、现有常规的选择和重用获得的学习。探索是指通过协调变化、计划实验和游戏过程获得的学习。开发和探索还对组织结构和流程提出了不同的要求，平衡这两类活动以确保卓越绩效的理念得到很多实践组织的认可。

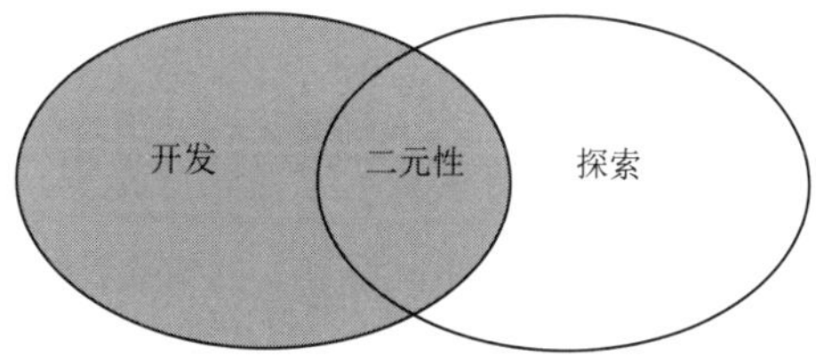

图7-1 开发与探索

①塔什曼和奥莱利，提出“二元性组织：管理渐进性和革命性变化”。

组织的需求总是在某种程度上存在冲突，例如，当前项目投资与未来项目投资、差异化与低成本生产投资等，因此，始终需要进行权衡。尽管这些权衡永远无法完全消除，但最成功的组织能够在很大程度上协调这些权衡，从而提高它们的长期竞争力。实施流程管理最初也需要明确关注组织活动中的创新和变革，虽然流程管理的这一创新阶段需要进行实质性变革，但这种变革的重点是在现有技术轨道内提高效率。流程管理的创始者专注于渐进式和开发式创新，而不是激进的、体系结构的探索式创新，相关的流程工具和技术旨在通过过程和输出的增量改进提高组织的效率。此外，流程改进技术适用于组织当前的活动，这些活动的创新和改变是通过从现有常规中剥离实现的，一旦更改，这些改进的流程将成为标准化的最佳实践。创新的初始阶段之后，通过坚持最佳实践而重复组织惯例会导致能力的深化。当一个组织通过对一系列活动的重复学习并提高其效率时，随后的创新将日益增加。因此，流程管理活动推动的创新注重减少变化、寻求日常工作中的增量改进以及通过重复组织活动提高熟练度，确保这种创新与现有能力相接近。流程管理活动范围的增加有利于现有客户群的创新增加，但可能导致架构创新的减少。

员工在流程中展开的快速开发能力会产生可测量的短期效益。当一个组织更快地推出新产品、降低成本或提高客户满意度时，这些结果将促使组织以更大的热情继续扩展流程活动并将组织的不同部分联系起来。在流程管理方面取得成功的经理可能得到提升，并负责将此类活动扩展至更多领域。那些希望在创造性或创新领域侵犯流程管理的人可能选择退出组织，从而进一步增加流程密集型活动的影响。随着改进的流程在整个组织中的重复，组织变得更有效率，但这些活动结果变化的差异性却减少了。这种增量创新关注本身熟练程度的提高，使得流程管理活动不太可能产生显著偏离组织现有技术或市场能力的创新。此外，随着时间的推移，流程管理通过影响创新的选择进一步影响变更的创建，短期的、易于衡量的效率改进使得模糊的、不确定的、难以量化的探索活动不那么吸引人。随着流程管理实践在组织中的传播，主要衡量标准越来越注重速度、效率、成本或浪费的减少。

我们知道，BPM 的改进项目通常选择绩效表现不好的流程，以不断提高流程效率或项目成功率，从而使项目选择朝着可预测性更强、变化更小、确定性更强的方向发展。因此，随着流程管理活动的范围进一步扩展将导致不太激进的创新项目增加，激进创新项目越来越多地让位给更确定的增量活动。即使是用于产生根本性创新结构的项目也将越来越多地产生接近过去创新程度的效果，与流程管理相关的渐进性创新减少了现有技术轨道之外的重大探索活动和学习。

一个时期内缺乏探索的组织可能因缺乏相关知识库而被排除在未来探索活动领域之外。随着流程管理技术减少企业的探索活动，其吸收能力将受到阻碍，因此企业随后采用新技术进行创新的可能性降低。在有限的条件下，在稳定或增量变化期间，增量创新的流程管理活动与组织有效性正相关。相比之下，在更广泛的条件下，在动荡的环境中，对于新的客户群体，以及对于架构和根本性创新，流程管理活动对组织效率的影响较小。这些情况的频繁发生，使流程管理活动建立了对变化的阻力，从而抑制组织的可变性。也就是说，流程管理能力加快了开发和效率，并可能使组织在短期内生存，但同时也抑制了长期适应所需的探索。

但从现实出发，企业又必须满足当前客户需求和新客户需求，这是没有选择余地的。企业必须处理开发和探索的不一致需求，与开发收益相比，探索收益在系统上更不确定，在时间上更遥远，在组织上更远离行动和适应的轨迹。例如，与产品开发相比，基础研究具有更少的确定性成果、更长的时间范围和更多的扩散效应；与现有想法、市场或关系的进一步发展相比，寻找新想法、市场或关系的结果不那么确定，时间跨度更长，影响更为分散。

从长远来看好的东西在短期内并不总是好的，在一个特定的历史时刻是好的东西在另一个时刻并不总是好的；对组织一部分有益的东西并不总是对另一部分有益，对一个组织有益的东西并不总是对它所属的更大的社会体系有益。随着各组织从经验中学习如何在开发和探索之间分配资源，这种跨时间和空间的后果分布会影响所吸取的经验教训。反馈的确定性、速度、接近性和清晰性比探索更快、更精确地将开发与其后果联系起来。目前的观点是，这些权衡受到成本和收益分布以及生态互动环境的影响。开发的本质是对现有能力、技术和范式的细化和扩展，它的回报是积极的、接近的、可预测的；探索的本质是尝试新的选择，它的回报是不确定的、遥远的，而且往往是负的。

7.2 变革与运营的阴阳两面

变革的概念来自组织行为学。组织行为理论把社会性的组织看作具体生命的有机体，不仅会生长，而且也会死亡。一个组织必须在社会的大环境中生存，必须适应外部的环境变化，不断进行局部或者整体的调整。在组织是开放的有机体的前提下，组织必须随着内在及外在的环境变化，进行调试和改变，实现成长，提升组织绩效。组织变革是指运用行为科学和相关的管理方法，对组织的权利结构、组织规模、沟通渠道、角色设定，以及组织成员的观念、态度和行为等进行有目的的系统性调整和改变，以适应组织所处的内外部环境、技术特征和组织任务等方面的变化，从而提高组织效能。企业的创新和变革有相通之处，它们在动因上都是为了适应内外部环境变化的需求，在形式上都是企业或者组织在某些方面发生变化，在目标上都是为了改善组织绩效。虽然有这么多的相似之处，但还是有一定的差异性，虽然创新和变革都强调变化，但创新的变化主要是创造性的变化，突出全新的独特性的变化，而变革强调的变化仅仅是为了适应内外部变化需求所做的一种改变，并不一定突出全新和独特性的要求。一般来说变革的内涵要比创新大。

企业组织与任何生命体一样，有其生命周期，有产生、成长、成熟和衰亡的过程，为了延长组织的生命周期，增强组织发展的生命力，就要不断地对企业组织进行调整，以适应企业内外部环境变化。通过正确合理的变革，我们能够使企业的生命不断循环、不断发展。持续变革是现代企业的真理之一，组织变革使得组织具有韧性和适应性，增强了组织的竞争力和生命力，是达到组织发展目标的最有效的手段之一。变革是一种适应，变革的根本目的是让企业能够适应外部环境和内部需要；变革也是一种开拓，为了适应新的环境，需要开拓精神；变革也是一种动力，是企业发展的最大动力之一。变革被认为是当代管理中唯一不变的因素，组织应遵循变革范式，实施反应性和预期性变革。此外，正如组织管理学家塔什曼和奥莱利所观察到的那样，为了长期保持成功，管理者和组织必须具备双刃剑的能力——能够实施渐进式和革命性的变革。在新的世界里虽然积极变革有明显的好处，但只有少数有远见的企业会在绩效下降之前发起不连续的变革，部分原因在于积极变革存在的巨大风险。

运营是企业通过活动将投入的劳动力、资金、原材料及其他资源转换为满足人们需求的产品或服务的资源转换过程。无论企业规模大小，企业都存在技术、商业、财务、安全等活动，并通过这些活动实现资源到价值的转换。运营过程是企业业务流程中具有物质基础特征的基本过程，是业务提供产品和服务的生产过程，从系统论角度分析，它是把输入资源转换为输出结果的转换过程，其中输入资源包括劳动力、原材料、资金、设备、信息、土地等，输出结果包括有形产品和无形服务两大类。因此运营管理的研究对象包括一切产品的生产过程和服务的提供过程，运营管理就是研究对这一转换过程的管理，研究如何使企业通过提高这一转换过程的效率，向社会提供满足其需要的产品和服务。

最初的运营管理其实是生产管理学。随着经济的发展，技术的进步，社会工业化、信息化的发展，人们对无形产品提供的服务需求也不断提高。所以运营后期也包括服务运营，人们把无形产品的输入与输出过程转换也纳入生产管理的范畴，实现从制造业到非制造业的扩展，这种被扩大的生产概念被称为运营。所以无论是有形产品的提供过程，还是无形服务的提供过程，都被统称为运营过程。因为服务过程与生产和消费过程是同时进行的，服务的生产过程本质上也是消费过程，这也就是为什么很多理论将服务的运营过程和服务的营销过程融合在一起的原因。

运营活动是企业向社会提供有价值产品和服务的过程，其目标是在需要的时候以合适的价格向顾客提供具有适当质量的产品和服务，所以运营产出要素的管理包括质量、时间、成本、服务，体验等。运营系统类似企业的免疫系统，在保证企业日复一日向着既定目标周转运作的同时，也阻挡外来生物的入侵。但运营系统也不是一成不变的，运营系统的创新可以通过业务流程重组、精益生产等方式不断优化升级企业的免疫能力。

一般来说，运营强调企业内部环境的稳定和可预测性，并对偏差进行纠正，流程管理是业界普遍接受的运营管理方式。变革和创新强调由内外部驱动引起的动态性和不可预测性。运营解决企业的生存问题，变革解决企业的增长和成长问题，运营和变革是组织稳定和发展的两个方面。中国的居安思危也有类似的道理，属于企业的阴阳两面，是静态和动态的结合。虽然两者看似有不同的定位和历史使命，但它们在企业中的运作却可以看作一个有机体，不能孤立地只看运营，也不能独立实施变革。变革通过项目实施并最终落实于企业的组织、流程、系统和文化中，也就是说，变革的成果最终要固化在组织的运营系统之中，运营和变革在企业中通过能量的流动实现有机结合，如图 7-2 所示。

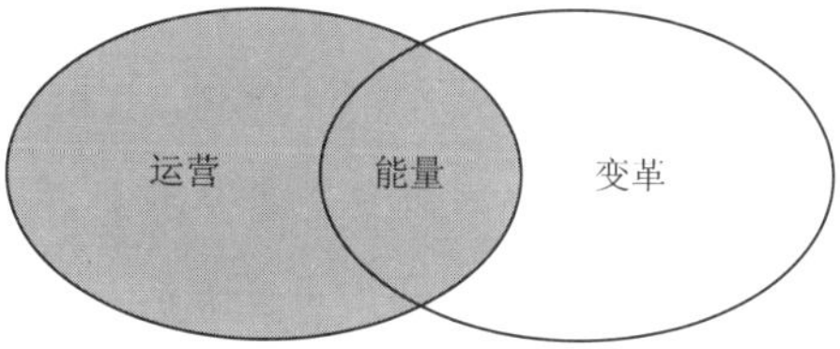

图 7-2　运营与变革

所有管理者都面临克服惯性、实施创新和变革的问题。运营和变革创新的一个有效集合就是流程创新。流程创新，即将诸如新的生产方法、管理方法和新技术等引入组织的管理和生产运营，它涉及使用新的知识、工具和设备输入，帮助组织重新配置、最大化利用资源与能力，以降低成本和提高生产效率。企业在生产过程中实施流程创新以达成缩短生产时间、降低成本、提高客户满意度和运营绩效的目标，流程创新的实施提高了企业的经济和社会绩效。有一种观点认为，高层管理者大多是非持续性变革的主要驱动力，而中层管理者是渐进式变革的推动者。根本性变革需要有变革的手段、工具和方法支撑，例如我们熟知的库尔特·卢因提出的变革管理三步法、麦肯锡 7S 模型和约翰·科特的变革八步曲。数字化技术的驱动伴随业务环境的快速变化，使业务运营和业务变革（创新）的时间间隔越来越短，变革（创新）和运营的界限越来越模糊。例如，软件行业的开发运维一体化，已经不再强行隔离建设和运营状态的边界。当变化成为常态，当变革和创新是企业必备的基础能力时，如何融合变革和运营的冲突是企业应对数字化环境必须关注的问题。

7.3 积极偏差与负面偏差

偏差来自统计学的概念。GMP[①] 中写道："任何偏离生产工艺、物料平衡限度、质量标准、检验方法、操作规程等的情况均应当有记录。"由此可见，偏差首先是一种偏离，偏离已批准的程序或标准。在 BPM 中我们通常根据设定的绩效目标识别改进机会，实际绩效和设计绩效之间的偏差就是我们改进机会点的来源，这种偏差我们称为负面偏差。通常负面偏差是指实际流程绩效达不到规定的流程绩效目标，即使在某几次流程执行过程中实际绩效目标超越了设定目标，组织也会再次修改设定的绩效目标，所以负面偏差会一直存在。业务流程改进就是在这种负面偏差存在的环境假设中开展工作的。负面偏差和我们前文所描述的现有流程改进是一种被动反应式的模式是相关的。流程执行的负面偏差可能发生在单个任务、子流程或整个流程中。一般来说，如果流程的行为与平均值或其他预期值显著不同，或与流程的规范显著不同，则可将其归类为异常。

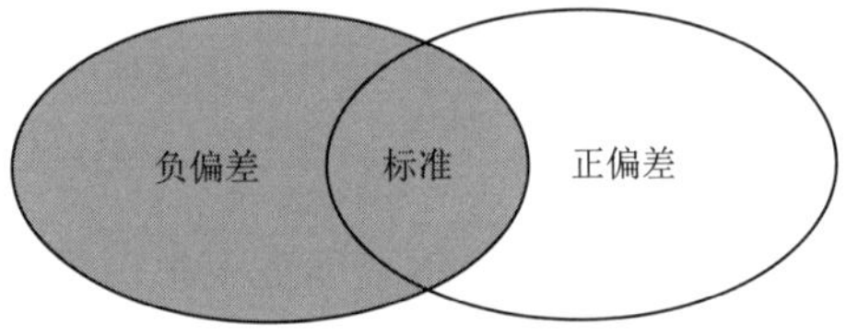

图 7-3　正偏差与负偏差

流程优化就是识别任何负面偏差并进行必要的调整，其合规性、处理时

①GMP 是 Good Manufacturing Practice 的缩写，中文含义是良好生产规范。世界卫生组织将 GMP 定义为指导食物、药品、医疗产品生产和质量管理的法规。

间和效率是主要的衡量标准。毫不奇怪,支持流程开发的技术、方法和系统在性质上相当正式、机械、可靠并可预测,其流程模型假设的前提是组织中很大程度的确定性,参与流程开发的个人对法规和绩效标准非常熟悉,并具有较强的分析和沟通能力,他们需要与内部利益相关者,包括业务分析师、项目经理、各种业务代表进行互动。鉴于以增量流程改进和自动化流程执行为目标的BPM解决方案的方法和技术前景,BPM似乎没有足够的能力挖掘日益丰富的环境潜力和机会。一个主要原因是,当前的BPM功能在很大程度上遵循由内而外的范式,即执行一个流程,在可能的情况下分析和解决可观察到的负面偏差和问题。BPM目前的状况可以被视为反应性的,并且在很大程度上是机会不知道的,也就是说,诸如一个组织的哪个流程从数字化解决方案中受益最多这样的问题是无法回答的,这种问题属于正面偏差的问题。当看到全球数字空间的重大变化提供了新的设计可能性,并且出现新的设计可能性时,BPM正面偏差功能不匹配的重要性正在增加。

快速增长的大数据流程是伴随数字化技术产生的。数据科学和流程挖掘是流程从业者感兴趣的领域,因为它们提供了丰富的分析能力。然而,如果没有与决策科学的密切联系以及对这些大数据所产生价值的合理理解,数据就缺乏利用的方向。流程挖掘方法遵循经典的BPM要求,例如成本、时间、效率就是一个例子。一般来说,传统的数据挖掘技术关注业务流程的还原,分析业务效率瓶颈,在这种情况下,流程挖掘可能识别负面偏差,并触发旨在克服此问题的反应式流程改进活动。但如果将流程数据用业务价值替代,例如,收入或客户满意度,并将流程事件日志与进一步的案例数据相关联,可以将此类流程挖掘计划引导至积极偏差,即识别现有流程中的未来流程。在这种情况下,任务变为识别此类积极偏差的不同流程模式,由于BPM价值驱动因素的简单转变,此类流程挖掘活动将取得巨大的收益。

本质上,如果没有数字创新固有的外向型雄心,BPM在很大程度上等同于解决问题和消除浪费的计划，这样一个工具只在有限的程度上为业务管理引入了新颖性，因为总体流程逻辑不受质疑。此外，任何流程的产出基本保持不变。数字化创新带来的可编程性、延展性和变化能力使得 BPM 实施过程要求的稳定规划、固定的流程设计消失了。固定设计意味着不将进化和非预期变化视为生产力和进化的来源，也不将其视为产生性能增益的正偏差，而是视为需要停止的偏差，需要避免的失控，或需要管理的例外情况。在数字化时代，上述的业务环境是不存在的，最终将过渡为变化模糊不稳定的环境，这样追求解决负面偏差的 BPM 和探索设计正面偏差的数字化创新就产生了矛盾。

7.4 由内而外与由外而内

有研究者提出，BPM 和数字创新是从问题解决到设计生成的企业能力图谱的两端。BPM 研究着眼于如何将流程设计为活动序列；数字创新研究着眼于技术和组织方面的突发变化，着眼于流程如何展开。BPM 研究侧重于分析和计算方法，以生成设计人工制品，例如，支持组织中流程执行和管理的框架、方法或技术，通过这种理性的方式，BPM 在很大程度上遵循于如何改进流程相关的规定和目标。相比之下，数字创新研究在很大程度上是解释性和实证性的描述，它通过感性的方式试图理解流程是如何形成的，以及是如何在组织内部和跨组织之间变化的。

欧洲研究学者对比了两类方法论的优势以及不同的假设，见表 7-1，这里我们简单陈述如下：

首先，关于设计和解决方案空间的假设是不同的。BPM 本质上是把问题空间和解决方案空间分离实现的，例如，现状建模和未来建模是两个离散的阶段。通过问题的还原与分析推导设计可能的解决方案，这种方法是结构化的，这是在问题空间稳定的前提下设计解决方案空间；但在数字创新中，问题和解决方案空间同时出现并共同演化，两者都在不断变化，本质上是一种设计思维，不是问题解决思维，我们永远无法真正修复其中一个。

其次，关于时间性的假设是不同的。BPM 定义了一个离散阶段驱动的设计过程，其极端形式类似于经常被吐槽的瀑布模型；数字创新通常以一种临时的、自发的方式展开，由情境机会驱动。这里我们可以想到，利用分离空间的方法设计的解决方案可能因为时间的变化问题空间已经变化，据此得出的解决方案已经不存在意义，这也是现在比较流行的面对快速变化环境的敏捷方法提出的一个假设。

最后，关于有界性的假设是不同的。数字创新是无限制的流程创新，BPM 局限于组织容器，以帮助具体化、绑定并因此驯服数字创新的生成潜力，从而为企业提供有形价值。

表 7-1　BPM 和数字创新的融合假设

假设类型	BPM 假设	数字假设
问题与解决方案的分离	问题和解决方案是分开的、不相交的	问题和解决方案同时出现并共同演变
设计与涌现新技术	管理由顶层设计驱动	从下到上，小范围内会产生生产力
暂时性	BPM 是在离散的生命周期阶段呈现的	数字创新体现在此时此地，时空性是同时的
边界性	创新是在组织过程中进行的	创新和流程是无限的

来源：《欧洲信息系统》，2020

正如前面所描述，成熟的 BPM 是由内到外驱动的被动响应式管理模式，并且是以解决负面偏差问题作为其支柱的，这种由内而外的能力，即从问题到解决的过程在致力于实现可预测、精简和高效的过程环境中发挥了良好的作用。数字化创新使用由外而内的环境扫描功能通过快速评估外部机会的相关性和影响，将使业务流程暴露于破坏性创新的潜力中，可以减少流程创新延迟，即建立创新机会意识所需的时间，也可以评估内部流程环境的适用性以及此机会带来的价值，还可以实际实施这些机会驱动的流程创新。开发性 BPM 集中于特定流程中痛点的构造，关注由内而外；而探索性 BPM 则是关于流程中机会点的识别，关注由外而内。图 7-4 显示了两种 BPM 的冲突。

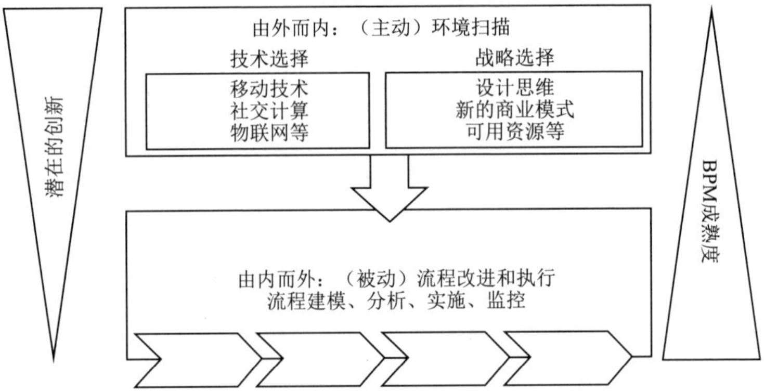

图 7-4　BPM 成熟度与创新的冲突

来源：迈克尔·罗斯曼，2014

第 8 章

企业运营管理的十字路口

8.1 向左走？向右走？

随着数字转型等新概念的出现，人们对 BPM 的未来表示了极大的关注。移动出行平台这样的服务并没有改变我们出行的事实，但它们改变了寻找、预订和支付车费的过程。我们仍然在家看电视，但选择看什么节目和什么时候看的过程随着媒体数字平台的变化而变化。这些例子开始表明，数字化创新不仅仅是数字技术本身的创新，也是改变和促进过程和途径的手段。数字创新创造了偏离稳定的机会，改变了事物运行的过程，但它是否也创造了优化的机会？它是否创造了重新思考、重新设计或重新调整流程的机会？简言之，BPM 和数字化创新是否可以相互受益？

在当代业务流程管理技术研究和实践中，大家一致认为 BPM 始终在将信息技术和管理科学的知识结合起来，创建方法、技术和工具，以支持运营业务流程的设计、制定、管理和分析。在过去几十年中，出现了类似流程再造、六西格玛、精益六西格玛等成熟的业务流程改进的工具箱，然而，大多数相关方法都很复杂，成本高且耗时，不适合多变、不确定、复杂和模糊的业务环境。如今，组织在其业务环境中面临着诸如波动性、不确定性、复杂性和模糊性等挑战，许多已建立的业务流程改进方法已不适合此类商业环境的特点。所以业务流程管理的一个重点方向是探索数字技术在制定、管理和创新业务流程中发挥的作用，这种方向促进了工作流管理系统、BPM套件、流程挖掘技术、机器人流程自动化和其他关键技术创新的兴起。例如，应用数字化创新管理业务上下文数据信息，BPM可以实现更快、更高效和创新的业务流程，并更好地处理数据和非结构化业务流程，实现从数字创新中获益。事实上，导致数字创新的软件和硬件的进步也极大地扩展了BPM相关技术的范围。除了传统的以流程为中心的技术创新，社交媒体、数字平台、数据分析、人工智能、分布式账本技术、云计算等新的数字技术对于业务流程的管理也变得越来越重要，例如，对机器人流程自动化的日益关注。数字化创新既涉及为产生结果而执行的业务流程的创新，即流程创新，也涉及流程结果本身的创新，即产品和服务创新。虽然产品和服务创新是组织在市场中领先的潜在特征，但数字流程创新有助于减少时间延迟和资源共享。例如，通过增加客户关注度和客户体验，流程导向业务会积极影响组织创新绩效。上面的描述意味着BPM也可以在寻找业务优化机会时启用数字化创新，而不仅仅在将数字技术应用于流程执行时成为数字创新的主题。

虽然数字创新带来的经济增长和生产率提高的好处是引人注目的，但新技术的破坏性和不可预测性促使我们思考如何将数字创新应用于组织的业务流程。组织可以出于各种原因战略性地应用业务流程管理，如卓越运营、产品和服务领导力，或者是客户亲密度，但这同时也会影响作为客户的私人生活和作为员工的职业生活的每一个人。未来预计我们将越来越多地与机器人互动，例如，与智能手机的虚拟个人助理或在线服务台的频繁互动。关于一个人的职业生涯，相关研究指出，到2030年，在执行业务流程的同时，工作将更多地依赖于人机协作。

另外，新兴技术能够将业务流程管理从传统版本改造为更具探索性的变体。今天的数字化技术正在引发第四次工业革命，并产生新的商业模式，企业正努力最大限度地利用新的数字技术。一方面，新兴技术支持颠覆性数字创新，这是可持续业务流程满足组织长期工作方式的基本先决条件，数字创新正在改变客户需求和基础设施需求，人工智能、虚拟现实、物联网和区块链等新 IT 趋势对组织及其业务流程产生了破坏性影响，这涉及应用新的数字技术改变业务流程，以创造显著的附加价值；另一方面，高速互联网和数字技术的不断变化使得 BPM 不仅要实现传统使命，还要适应数字创新要求的探索性功能，尽管从目前看来速度有些慢。

在许多组织中，流程参与者往往抵制变更和变革，这使得流程难以成功改进。对于流程从业人员，例如，流程经理必须处理新兴的组织间和组织内流程网络的复杂性以及快速变化、高度个性化的客户需求，必须确保流程参与者最终实施预想的流程变更，这也使 BPM 在组织业务环境中面临诸如多变性、不确定性、复杂性和模糊性等挑战。在未来 BPM 将不得不处理越来越敏捷、知识密集和数据驱动的流程。未来工作的特点是团队、任务和目标的快速变化，而且可以在任何时间任何地点进行。数字启示将促成并要求对流程进行快速而深远的重组。此外，组织将越来越多地利用市场原则，扁平化层级，分散决策权。我们发现，未来的工作将特别影响 BPM 的文化、治理和人员等因素。然而，为了适应未来这些新的发展，BPM 需要作为一个整体进行考虑。越来越多的类似项目和非结构化工作将使流程和项目之间的区别变得模糊，支持此类工作需要基于 BPM 和项目管理的混合方法。此外，BPM 必须确保团队和生态系统中面临高度波动的流程的顺利运行，并实现外部合作伙伴跨价值网络的无缝集成。BPM 还必须利用数字技术日益增长的潜力，以补充人类对流程的参与，并利用流程数据进行创新。与此同时，培养员工在流程中的主导作用，以人为中心的文化是不可或缺的，因为流程结果将需要大量的创造性、认知和跨越边界的技能。最后，

BPM需要对来自外部的想法和工作实践持开放态度，以避免与内部流程重叠，并利用外部知识创造改进机会。

管理者作为其组织的架构师，负责以最适合其战略的方式设计其部门，保证战略、结构、文化和人员之间的内部一致性。BPM作为一个整体也不例外，需要从战略、结构、文化和人员各方面思考其冲突和解决方案。

8.2 新兴技术对业务流程的影响

世界各地的组织将继续努力改进业务流程和业务价值。新数字方法和设备的引入带来了价值创造的机会并随之带来了新的收入。组织面临的第一个挑战是数字化，即将现实世界中的物体或信息转换为数字信息，使人和物通过互联网进行交流。数字化的商业价值不仅包括将新的数字技术集成到当前的基础设施中，还包括如何使用这些新技术转换业务流程和创造商业价值。为了充分发挥数字化的潜力，组织需要系统地管理其业务流程。虽然很多组织已经启动了数字化计划，但最近的一项研究表明，只有1%的企业具备充分的BPM能力能够支撑从数字化中获取全部价值。

正如我们前面提出的技术变革阶段图所说，技术在社会和物质环境中被扭曲、纠缠和重叠，这种纠缠是过程性的，因为它随着时间的推移而明朗和显现。在数字创新中，BPM技术的价值在现实中得到了体现，例如，利用流程挖掘开发关于流程变更的理论和流程测试。数字技术除了对组织级流程管理的影响，对单项流程的设计和执行也产生了深刻影响。

为了确定各种技术的影响，有研究者将工作任务分为三种不同类型：常规任务、抽象任务和手动任务。常规任务是明确的和可编码的，这类任务通常与专业、技术和管理职业相关。抽象任务需要解决问题的能力、直觉、创造力和说服力，要求员工具有高度的教育程度和分析能力，强调归纳推理、沟通和在开放与不明确环境中的专业知识。手动任务需要情景适应性、视觉和语言技能以及个人互动。手动任务的例子有食品准备和服务工作、场地清洁和维护工作、健康援助、安全和保护服务工作等。

新兴技术可能对常规任务产生强烈影响，因为它们往往具有在自动化效应中获益的潜力。因此，这些技术可能取代工人从事这些常规任务，因为它们遵循的是精确、易于理解的程序，机器学习和机器人流程自动化可能促成这一趋势。新兴技术也可能对抽象任务和手动任务产生变革性影响，与物联网、工业 4.0 和工业互联网相关的应用为这些发展作出了贡献。例如，在仓库的传统拣选流程中，工人从各自的位置拣选产品。电商企业已经推出了连接订单信息系统的拣选机器人，通过这种方式，该企业将拣选流程从手工工作转变为机器执行的工作。

人们或者会在职业技能谱的另一端发现抽象或手工任务密集型的工作，即一端是专业、管理和技术工作，另一端是服务和劳工工作。日常工作的电脑化可能导致一端的高教育、高薪工作和另一端的低教育、低工资工作同时增长，这两种发展都将以牺牲中等工资、中等教育工作为代价，这一现象被称为工作两极分化。然而，研究学者指出，由于新兴技术仍有太多的局限性，未来处于中间带的日常任务工作将继续长期存在。

虽然新兴技术可能对不同的任务产生重大影响，但需要记住，任何工作都涉及多个任务。大多数业务流程都来自各种输入：劳动力、资本、智力、创造力、技能、直觉、规则等。通常这些输入中的每一个都起着至关重要的作用。因此，改进一项任务并不会使另一项任务变得多余，换句话说，一组任务的生产率提高可能增加单个工作或整个流程中剩余任务的经济价值。

8.3 BPM数字化的挑战与悖论

按照BPM战略、设计、执行、分析的四个阶段，新兴技术需要更紧密地整合并支持这四个阶段，并加快流程生命周期本身。流程可能在物理世界中产生影响，这会极大地影响其治理和管理。针对数字化技术对BPM带来巨大的影响，我们对学者丹尼尔·贝文根等人的研究发现整理[①]如下：

1. 战略层面

组织面临的主要战略挑战是面临互联带来的丰富的企业环境，需要以不断提高的速度调整其流程，以跟进影响BPM的技术进步，包括流程变更、组织团队、流程设计、流程执行和分析等各个方面。组织需要加快流程的生命周期，更频繁地改变流程，甚至可能是持续地改变流程。关于BPM的员工队伍，有研究学者指出预计在未来流程分析师、流程所有者、流程设计师和流程参与者之间的传统差距将消失，这种情况的出现将有利于建立跨学科团队；在IT管理中也可以观察到类似的趋势，例如，软件行业的开发运维一体化建立了包括软件开发人员、操作员和用户在内的协作团队。在业务环境中，超互联世界将利用数字技术在企业和客户之间进行全渠道流程互动。企业需要调整战略，使用适当的沟通渠道与客户互动。实施全渠道战略意味着业务流程将跨越比今天更多的工具。对于BPM，碎片化要求来自不同系统的数据链接，并建立可识别的流程ID，这些是流程挖掘和其他数据科学方法发挥作用的关键先决条件。社交媒体使客户网络成为业务流程的参与者。社交媒体使用BPM的好处包括将BPM利益相关者整合到设计、建模、实施、执行和流程改进中，同时也增加了管理和执行业务流

①来源：超互联世界中业务流程管理的七个悖论，《业务信息系统工程》，2020.

程的复杂性。

互联带来好处，也出现了坏处。由于智能设备的出现，业务流程执行可能产生物理后果，而不是纯粹的数字流程，因此无法回滚。由智能设备发布的业务流程直接作用于物理世界，在这样的情况下，纠正措施可能不再可行。所以，业务流程可能变得对安全至关重要，并且需要更高程度的可靠性和流程质量。将智能设备作为参与者引入业务流程虽然增加了灵活性和客户体验，但同时也增加了业务流程的复杂性和不可预测性，因为决策将不再由一个中央业务流程引擎单独做出，分散的流程数据和分布式流程控制将给执行业务流程的参与者所面临的复杂性和责任性带来全新的挑战。

2. 设计层面

当前的流程建模语言既不涉及社会计算，也不涉及智能设备。在超链接的世界中，流程建模必须具有额外的建模构造，而概念模型必须与现场数据和实施的工作流更紧密地集成，业务流程建模语言必须支持其他构造。例如，流程建模语言必须具有适当的抽象级别，以处理涉及的各种数据，从自上而下的业务流程细化到通过从事件日志和传感器检索的数据进行自下向上的重新组织。从以人为中心的角度来看，设计或执行流程的人类代理人的信念、意图、欲望、情感、决策、协作和意外事件也需要建模，以解释知识密集型流程的不可预测性。

3. 执行层面

流程必须在不同的应用程序、智能设备和社会系统中实施与部署也是一项挑战。例如，影响业务流程的不同数据源、设备和社交媒体渠道必须有效连接流程信息系统，这包括在执行流程时实时利用可用数据的能力，即流程分析师能够在运行时分析活动，并向流程参与者提供有关流程控制的建议。如果业务流程包含更多多样化的流程参与者和组织，那么业务流程的实现也会变得更加复杂。除了调整流程重新设计外，流程参与者经常绕开或偏离预定义的业务流程。在分布式环境中，可变性可能影响其他参与者、信息系统和设备。因此，在一个高度互联的世界中，业务流程将表现出更多的可变性，变得更不可预测，并且更难用当前的方法进行控制。

4. 分析层面

流程分析必须建立在更广泛和更深入的数据基础上，包括事件日志和由各种信息系统、用户和智能设备生成的无数其他数据点。因此，基于这些数据的分析可以对未来的流程产生更大的影响，但我们必须解决利用这些数据的相关障碍，从数据质量问题到数据隐私、数据安全等。由于可用于分析的数据量很大，监管部门仍然难以将数据分析转化为具有战略重要性的流程改进，从而结束流程的生命周期。随着社交媒体和智能设备的使用，生成的附加数据需要在分析阶段为业务流程添加上下文，这些挑战许多都是由于知识密集型流程的特性造成的，这些流程尤其受制于执行业务流程的参与者做出的决策。另外，同一般的数据科学一样，业务流程分析技术需要遵循负责任的数据科学原则，包括公平性、准确性、机密性和透明度，这些原则的重要性将变得更加突出，因为存储在流程上下文中的数据数量和范围迅速增加。

针对上面所说的挑战，同一学者提出了七个悖论，以指导 BPM 在数字化进程实施过程中的策略选择。正如我们在前面章节所述，管理悖论是组织管理者的责任和义务，目的不是消除悖论，而是发现和挖掘其中的机会。

悖论 1：在社会计算和智能设备的引入和推动下，业务流程的战略、模型、实施和分析变得更加复杂，同时又要求流程的生命周期加快，需要更紧密的集成。所以需要开发新技术和组织理念，以同时实现这两个相互冲突的目标；另一个重要方面是需要重新定义流程经理和流程参与者的角色。

悖论 2：建模语言必须具有额外的建模构造，以掌握流程的额外信息，这将增加流程模型的复杂性。尽管如此，概念模型的设计必须更有效、成本更低。所以需要设计同时满足这两种需求的建模语言，其基础是降低复杂性，并以有效的方式指导建模者完成设计过程。

悖论 3：流程执行和数据分析必须趋同，以使流程参与者在执行流程时能够做出实时决策。然而，流程执行环境和流程数据分散在不同的组织、信息系统和智能设备中，导致数据冗杂、不完整或矛盾，这些缺陷要求执行更复杂的数据准备活动，这些活动不利于实时决策。流程经理必须优先考虑流程绩效的维度，以及从业务角度来看，执行数据准备活动的必要性和合理性。

悖论 4：必须对流程上的大数据进行近实时分析，以微调流程执行。一方面，许多用于此目的的数据分析方法是概率的，使用这些方法提出的建议并不总是能够追溯到数据；另一方面，在一个充斥着智能设备的世界中，流程可能具有显示安全关键特性的物理表现，这与使用可能不准确的概率算法相冲突。这两个方面都需要重新确认，以使流程参与者能够根据需要调整业务流程，同时遵守安全要求。

悖论 5：由于复杂性的增加，BPM 的 IT 事实上更难概念化和实现，这导致资源消耗增加。此外，流程受制于由人和智能设备执行的自主操作，这可能会使使用中央业务流程引擎引导流程的努力变得无用。因此，需要清楚地确定，在什么样的情况下，应用定义标准化流程所需的资源会有回报，以及什么样的情况会有故意不完整的定义，认识到人工参与者应该具备在需要时调整流程的能力。

悖论 6：企业需要标准化其大部分业务流程，以利用规模经济降低流程成本。此外，智能设备内置的自主性将使产品适应其使用和环境，从而实现产品个性化。产品的个性化将带来个性化的服务流程，这与产品标准化的努力背道而驰。因此，企业面临的挑战是管理流程的某些部分以提高效率为目标，而其他部分以实现业务价值为目标。

悖论 7：BPM 的 IT 工件将变得更加复杂，而它们的评估需要基于数据的现场证据。由于一个流程的性能和数据可能在不同的场景下有所不同，因此同一流程在每个上下文的发展可能会非常不同，这种对现场证据的依赖妨碍了设计科学研究的使命，即开发出超越个人背景的设计和行动理论，从而使设计科学项目更难计划和记录。

8.4 唯一选择：自我改造

数字转型、数字创新等新概念兴起在管理界掀起了新的炒作，所有流行的管理理念都有一个生命周期，这些新概念是否预示 BPM 开始走向消亡的可能性？面对新的管理炒作的出现，BPM 现在似乎又一次处于改造的边缘。与此相一致的是，BPM 领域似乎已经达到某种程度的停滞，它似乎越来越局限于流程的识别、建模、监控和改进。新兴技术和数字创新迫使我们重新思考 BPM，数字化流程创新有助于以更快、更智能的方式完成任务。有研究成果表明，BPM 与新兴技术相结合可以改变客户的价值主张，这为组织在政策或规则与 BPM 之间建立战略一致性开辟了新途径。

随着数字转型、物联网、社交网络和相关技术的发展，BPM 正处于一个重要的十字路口。问题在于 BPM 是否能够重新发现自己？业务流程管理是否能够使用数字化技术改进现有业务流程？是否能够利用社交媒体技术进行流程创新？是否能够为移动流程执行提供理论见解和新的人工制品或工具？物联网在促进知识流动、创新和竞争力方面对业务流程管理有什么影响和作用？又或者从本质上说数字转型理论发展是否会借鉴 BPM 的知识体系？

改进 BPM 的一种可能性是将其扩展为不仅包括组织的客户，还包括外部客户和生态的流程。获得更多关于客户流程的信息意味着企业可以更深入地了解客户及其行为，并在需要时调整所有必要的流程；也代表 BPM 向二元的范式转变，即从开发式 BPM 向探索式 BPM 的转变。创新不易，相关研究发现，大部分企业难以在开发（运营熟练度和效率）和探索（创意和创新）两方面同时取得卓著成效，但有 2% 的企业却能够在效率和创新两方面兼顾兼优。无论市场行情是好是坏，2% 俱乐部的成员都能在利润和增速方面跑赢同行，它们的经验与共性值得我们深入思考与学习。

近几年，很多学者和从业者都在讨论 BPM 的未来。无论名称如何改变，但本质是企业将继续专注于改进其管理业务的方式。因此，BPM 的唯一选择就是自我改造，它需要变得更开放、更包容。虽然组织中 BPM 数字化转型的路径是存在的，但对于每个组织来说，又都是不一样的，都是一次独自启程的单独冒险。

互动小知识

理性与灵感的思维碰撞

灵活的组织可以充分管理和利用分析演绎和直觉创造两种思维能力，这两种能力包含了不同的特征：一种侧重于利用现有能力进行增量改进，另一种侧重于探索新的增长机会。

在某公司的一次战略研讨会议上，对于如何采取战略规划的方式大家有不同意见。公司目前面临数字化转型带来的机会和威胁，高级副总裁、首席信息官、变革办公室负责人还有各业务部门总监参加了这次战略研讨会议，与会人员对开展战略规划的过程和方法存在歧义。

方式 1：战略规划的开展形式应该经过严密的设计过程，包括业务访谈、能力评估、业务举措、举措分解，以排序评优的方式通过演绎得出适应内外部环境变化的战略举措，这种形式在该公司已经慢慢开始成熟，并大多数人已开始接受。

方式 2：战略规划的开展形式应该是团队一起以头脑风暴的形式开展，运用共创的方法设计满足未来长短期业务目标的战略举措。

本质上，两种方式表明两种不同的组织行为模式，开发模式和探索模式。探索意味着以搜索、发现、实验、冒险和创新为特征的企业行为，而开发意味着以完善、实施、效率、生产和选择为特征的企业行为，在日常的战略规划会议中也可以发现这两种思维模式的存在。

第三部分

应对:作为价值接力棒的创新潜力

“没有比领导变革更棘手的事情要处理,也没有比领导变革更危险的事情要进行,也没有比领导变革更令人怀疑的事情了。”

第9章

重新认识自己，重塑 BPM

9.1 BPM和创新的汇聚对话

9.1.1 数字化 BPM 汇聚点

数字创新描述了体现在数字技术中或由数字技术实现的新产品、流程或商业模式。这一观点强调了两点：首先，数字创新本质上是社会技术性的，它解决了通过数字化带来的硬件和软件技术系统的变化和包括流程、结构、规范等要素的社会系统的变化，例如，网约车平台司机和乘客之间互动的不同流程、不同的通勤路线体现了让所参与者都参与的新颖技术流程和社交流程，如果网约车平台的运营没有两类流程视角的明确整合，就很难想象数字创新；其次，数字创新模糊了过程和结果之间的界限。作为创新结果的产品本身可能产生或参与进一步的创新过程。同样的，创新过程可以持续地使产品具有流动性、可塑性和涌现性，使其适应市场推出和使用后的变化和创新。这种过程和结果融合的情景，既不新鲜也不令人惊讶，当代企业形式已经适应了产品和流程深度交织的场景，例如，开发运维一体化和敏捷的应用。创新和运营的一体化模式正在兴起，数字创新作为产品和过程并不是分开的，它们正在融合成为一体。

对于BPM，实现数字化创新的融合，可以关注如下几点，这几点都是在时间变化的纬度上提出的，因为时间和频率要求的不同，它们对企业寻求稳定还是变化的需求和模式会产生不同的影响，这些内容和我们前文提到的数字化对于BPM提出的挑战不谋而合。

(1)流程设计必须平衡新功能创新和即时反馈。在数字创新驱动的动态世界中，不可能完全预测流程设计的效果，将流程设计视为找到相关问题解决方案的经典BPM假设已经过时。然而，讲到这里只是故事的一半，设计既不是解决问题的方法，也不是出现问题的原因，而是不断相互触发的介入性设计和内生进化。这表明，管理业务流程的方法必须学习数字创新方法。简单来说，BPM必须变得更加敏捷，流程设计必须变得更细粒度和更连续。

(2)流程设计必须平衡预定义的结构和适应的自由度。数字创新和BPM的假设定义了由管理自上而下驱动的设计和自下而上的效率优化连续体的两个极端。展望未来，因为企业事先不可能完全指定流程，所以更希望看到局部、灵活或适应性的流程设计与规范。没有灵活性和适应性，数字创新就没有空间引入类似可塑性、边界模糊和自发变革的生成能力，这些创新生成能力都需要空间筑巢和成长。

(3)流程执行必须平衡流程合规性的实施和积极偏差的识别。BPM的核心是遵循一种划分阶段的思路设计和执行流程。相比之下，数字创新否认这种清晰的过程阶段的方法，它定义了一个中间立场，即设计和进化是相互定义的。在BPM的上下文中，这意味着流程设计可以作为规范存在，但无法预测流程在未来将如何执行，不确定流程规范每天的偏离程度。这还意味着，管理层面临一个持续的知识缺口，即流程如何随着时间的推移而真正工作。鉴于这种不确定性，人类已经开发出各种能够持续监测和分析的技术，例如，流程挖掘。本质上，流程挖掘是将流程数据作为输入，用于生成具有路径频率和工作负载信息的细粒度流程图。流程挖掘为业务流程的实际性提供了快速而详细的证据，它允许在企业中发现隐藏的知识，并将其传播。

(4)流程设计必须平衡局部优化和全局重用的选项。新兴的价值创造网络，不可能完全预测流程是如何集成和重用的。许多BPM概念都是在组织内部流程的基础上开发的，这些流程在很大程度上是封闭的信息系统支持或启用的，是在假设其环境在较长时间内保持稳定的情况下建立的，但事实往往并非如此。长期以来，流程设计标准一直使用建模的方式解释内部流程，并通过黑盒的方式与供应商或客户等外部各方协调这些流程，将来流程设计的优化将更关注局部或适应性的流程设计优化。

(5)流程界限变得模糊，并超越了传统的组织容器。数字化流程是企业运营和客户体验的基础，两者都比传统的组织业务流程更紧急、更不稳定、更不完整。业务流程越来越复杂、相互交织、不断变化和加强，结构和边界变得越来越模糊和混合。数字技术支持这种交织在一起的方式，从而产生了不太预定义的、新兴的流程交织网络，包括客户流程和业务流程的融合。简言之，我们必须避免对BPM中“业务”一词的限制性解释，BPM越来越意味着管理客户流程和组织内部业务流程交织形成的数字化网络。

9.1.2 数字化BPM创新趋势

如何将BPM和数字化创新融合起来是组织关注的问题。最近一个针对新兴技术和传统BPM结合的专家小组研究指出了未来BPM的七种趋势，可以让流程管理从业者为数字知识经济时代做好准备。七种趋势具体为：不断变化的客户体验；加强BPM和数字创新之间的战略联系；更快的创新、流程变化、工作方式；不断增长的业务IT协调需求；新的CXO角色将BPM和数字创新引入董事会；BPM变得更具吸引力；减少对BPM和数字创新的阻力。

趋势 1：不断变化的客户体验

这个趋势意味着数字技术不断改变最终客户的体验，而且会以更快的速度发生。通过丰富的数据和大数据分析，企业可以利用数据实现以客户为中心的产品设计、生产和使用。市场响应能力和创造有关客户需求的价值主张是开发新的卓越客户体验的基础。当企业拥有大量数据时，应用大数据分析可以基于比以前更快的信息检索帮助识别和区分客户信息，最终通过提供定制措施改善客户关系，激发客户参与度，并确定或预测客户行为。

针对不断变化的客户体验，需要使用各种方法和技术了解不断变化的客户需求。智能技术与资源管理的有效结合非常有用，可以改善客户互动。数据挖掘、机器学习和人工智能等新技术的应用继续改善客户互动。数据挖掘指的是使用实时客户数据发现大型数据集中的模式，而机器学习指的是对算法和模型的科学研究。信息系统应用这些算法和模型执行任务，而无须人工指令，人工智能也使用大数据做出决策和预测。因此，似乎有希望深入挖掘这些新兴技术如何从大数据角度获取客户需求的应用。例如，许多组织已经在使用用于存储和共享客户实时信息的客户关系管理（CRM）系统。此外，仅仅应用这些技术是不够的，进一步还可以考虑如何让客户参与决策，以在 BPM 生命周期的所有阶段获取客户反馈。简言之，由于新技术的介入，客户的体验会发生巨大变化，而且这种体验要求会变得越来越强烈。

趋势 2：BPM 和数字创新之间的战略联系加强

当前的技术革命导致二元 BPM 的范式转变。虽然许多企业已经应用了传统开发性 BPM 的方法和技术，但探索性 BPM 更有助于在创新环境下协作文化的促进。例如，网约车平台通过社交媒体和创业精神探索新的平台运营方式。BPM 的成功隐藏在 IT 的战略采用中，因此也隐藏在新 IT 中。不仅流程目标应该与组织目标保持一致，而且组织目标和 IT 目标之间的一致性对于 BPM 也是至关重要的，也就是组织、流程和 IT 目标在创新战略上要保持一致性和协调性。组织的创新战略之一的大数据管理战略，它描述了组织如何将大数据与数字创新和 BPM 联系起来。每当一项新技术进入市场，组织都会努力采用并获得相对竞争优势，它使组织能够从结构化和非结构化数据中获得最大的好处。因此，改变一个组织的数字创新战略可能是 BPM 转型的一条成功之路，IT 成功的战略有助于建立对新技术创新的信任。

趋势 3：更快的流程变更和新的工作方式

数字技术通过在组织外部共享信息为创新打开了大门。组织与外部环境的信息交换有助于流程创新，同时，新技术的易用性和可感知的有用性也有助于在组织与客户之间以及组织内部实现积极的业务流程集成，基于以上新技术的应用，可以实现流程更快创新。

更快创新需要更快的设计过程支撑。通过应用敏捷原则，业务流程设计可以变得更快。敏捷业务流程开发可以通过不同的方式实现：一种方法是将创新项目划分为子任务，并借助数字技术将其集成；另一种方法是将 BPM 知识用于 BPM 系统或套件。通过敏捷的方式，BPM 中的知识转换实现了更快的沟通、更深的理解和任务的紧急执行。因此，在这种 BPM 场景中，隐性知识应该转化为显性知识。BPM 正在以多种方式使其在关键情况下变得更加敏捷和快速。

BPM 从业者的工作方式也会发生变化。多年来，关于传统开发性 BPM 方法，类似六西格玛和精益制造一直被用于确保持续的流程改进。同样，全面质量管理也被用于提高业务流程质量，相关的 ISO 标准与多个产品、服务在组织中实行。尽管如此，出于探索的原因，BPM 需要在当今高速互联网环境中结合标准化基础提高对数字创新潜力的认识。因此，学习新技术对于改进业务流程至关重要。流程目标只有通过团队合作才能实现，BPM 经理和从业者必须接受新的知识培训，以便他们能够将其注入团队。同样，敏捷的项目管理技能对于管理每个 BPM 生命周期阶段都非常重要。

趋势 4：对业务 IT 协调的需求不断增加

业务 IT 协调仍然是目前成功 BPM 的先决条件，BPM 应利用 IT 能力实现竞争成功和持续战略协调。业务 IT 一致性是指业务战略与 IT 战略之间的步调一致，以及业务与 IT 结构之间的集成。为了保证业务的顺利执行，组织的流程和整个企业架构之间必须保持一致。通过在 BPM 生命周期的每个阶段进行协作，业务和 IT 协调得到加强，并有助于实现更快的处理时间、更好的客户体验，组织的整体盈利能力也可以提高。此外，业务 IT 协调支持客户参与战略、组织敏捷性转型和技术转型，允许我们朝数字化解决方案迈进。

趋势 5：新的 CXO 角色将 BPM 和数字创新引入董事会

BPM 需要高层管理人员支持的重要性，特别是高层管理人员的支持，已经广为人知。最高管理者应积极参与，提供相关指导，并做出技术采用决策，以实现组织目标并提高业务绩效。高层管理者的角色之一是评估和解释用户采用 IT 的行为，例如用户对新技术的反应。除了易用性和可感知的有用性，新技术的采用还受到财务的影响，没有切实可行的 IT 预算，就无法建立技术基础设施。此类投资决策通常由最高管理层负责，首席执行官（CEO）是做出这些决策的关键人物，而在某些组织中，首席信息官（CIO）和首席财务官（CFO）也拥有这一权力。此外，在设计组织的 BPM 和 IT 战略时，需要所有高层管理者达成共识，但由于利益冲突可能阻碍技术转型，这时候致力于数字流程创新的新CXO角色（类似首席体验官）可以带来安慰。在任何情况下，首席执行官（CEO）都要负责描述组织的业务流程组合、招聘流程所有者/经理以及创建BPM推广文化。因此，由流程所有者和经理执行的职能，即业务流程的规划、实施、监控和控制相关的所有管理职能都应在首席执行官（CEO）及管理层的监督下开展。

趋势6：BPM变得更具吸引力

虽然传统开发性BPM方法因官僚作风而受到批评，但新兴技术使BPM领域有可能重新定位，并在实践新的流程建模和监控方法方面变得更具吸引力。例如新的建模语言、智能BPM监控工具、价值驱动的BPM、上下文案例驱动的BPM等，这些新的BPM实践在数字化技术的加持下显得更人性化、更场景化，也更加具有吸引力。

BPM开发建模领域正在发生更吸引人的事情。例如，流程建模方面，可以通过漫画式的旅程映射业务过程，这与传统流程语言BPMN和UML中的流程图形成强烈对比；在流程监控分析方面，数据挖掘将现实的业务流程真实地还原为复杂的意大利面条图。此外，知识密集型BPM在非结构化环境中工作，通过使用知识促进员工参与流程改进，企业可以通过引入知识管理工具派生在意外情况下执行的知识密集型流程。

探索性工具设计用于更多需求驱动、案例驱动和价值驱动的BPM，现实中很多实例也证明是成功的。例如，BPM中的商业智能实施可以提升企业管理的绩效，BPM中的知识管理可以确保数据和信息的质量，又或者在BPM的生命周期设计和监控改进减少碳足迹的目标。探索式流程创新工具有助于推进流程分析，并通过新兴技术触发新一代流程建模和组织能力，此类最新技术将减少BPM中的人为干预，对于业务更具有吸引性。

趋势 7：减少对 BPM 和数字创新的阻力

通过促进数字技术和学习型组织文化，组织对流程变革的抵制程度将降低。到目前为止，变革管理模型，例如，库尔特·卢因的变革三步法和麦肯锡 7S 模型已应用于 BPM，还包括管理流程变革的演示技术如文化映射、力场分析、度量和流程图等也在很多企业中应用，但在实践中这个过程遇到的阻力还是巨大的。在数字化时代，企业有了新的变革的手段，就是员工和客户信息。所以，当今的流程变革还取决于组织如何有效利用员工和客户的信息数据。例如，工作满意度、绩效和工作投入度等数据可以借助 BPM 技术确定。在未来新的 BPM 中，员工参与流程设计和决策是不可避免的，所以员工参与战略流程和变革决策对于组织来说也是不可避免的，而员工充分的高度参与性可以减少 BPM 和创新的阻力。

除了数字创新对 BPM 的影响外，社会文化和工作文化等其他因素在重塑 BPM 方面也起着相当重要的作用。例如，一个拥有开放文化受过教育的社会对变化的抵抗力较低，因此对破坏性的流程变化更为开放。同样的，数字创新反过来也会影响社会文化。换句话说，BPM 领域不仅受到技术因素的重塑，还受到文化变化的影响。

9.1.3　数字化 BPM 资产

数字化的价值是通过底层业务流程实现的。具体而言，数字化功能只有将其用于新流程的环境中才能提供真正的价值，并且数字化带来的好处也会随之产生。虽然普通 BPM 功能可以支持日常业务实现，但在数字化技术创新下 BPM 功能支持更加快速的变更。因此，如果需要通过普通 BPM 功能创造数字化效益，则需要两个步骤：首先是需要建立数字化解决方案，然后才是通过 BPM 功能创造额外的好处。新的 BPM 功能可与业务数字化计划一起应用，共同完成数字化转型，并应用 BPM 功能增加效益。

因此，数字化技术支撑的 BPM 能力与数字化效益之间的关联比普通 BPM 能力与数字化效益之间的关联更一致、更强。数字化使具有新价值主张、新流程和新方式的新产品能够融入业务流程。

数字化流程产品是企业未来的核心资产，所有的数字化产品都需要在整个产品的生命周期进行管理。BPM 规程需要根据 BPM 策略识别数字化资产。例如，价值驱动的 BPM 和客户流程管理等方法固有地包含对最终客户价值创造的关注；探索式 BPM 需要积极探索新的创新机会而不仅仅是利用现有的 BPM 方法和技术做效率提升；通过区分智能 BPM、协作 BPM 和案例驱动 BPM，表达对新 IT 的影响。新兴市场战略产生的数字化创新下的 BPM 滋生了新数字化流程资产：

(1)客户体验类：智能 BPM、协作 BPM、案例驱动的 BPM、客户流程管理、社交 BPM；

(2)战略联系类：价值驱动的 BPM、二元 BPM；

(3)灵活变更类：敏捷 BPM、上下文 BPM、动态 BPM；

(4)业务 IT 整合类：协作 BPM。

以上数字化 BPM 资产我们将选择比较成熟的资产在第 10 章中详细介绍。

9.2 数字化技术与 BPM

在单个流程级别，BPM 生命周期包括流程发现、流程分析、流程重新设计、流程实施和流程监控阶段。将业务流程置于 BPM 生命周期的管理活动之下，可以提高任务和协调级别。当一个组织改进单个任务的持续时间、成本、质量或灵活性时，它就会在任务级别实现改进。当任务之间的切换促使组织整体更快的处理、更低的成本、更好的质量或更大的灵活性时，组织就是在协调级别实现改进。一些迹象表明，与改进单一任务相比，在协调层面努力改进可能对流程绩效产生更大的影响。人们对不同行业中业务流程时间效率的研究发现，大多数业务流程的周期时间包含95%以上的等待时间。至少对于加快业务流程而言，这一发现意味着减少任务之间的等待时间（协调级别）比减少单个任务的处理时间（任务级别）更有可能提高流程的时间效率。当我们讨论特定技术对业务流程的影响时，需要牢记这一发现，该技术可能在任务或协调级别具有主导影响，从而影响组织将来如何设计和执行业务流程。

9.2.1　大数据分析

在智能互联产品诞生前，数据的产生主要源于内部运营和价值链上各个职能间的内部交付，例如，订单处理、供应商互动、销售互动和客户拜访等。同时，企业也会利用问卷调查、市场研究和其他外部资源获得的信息对这些数据进行补充。将这些数据综合在一起，企业就会掌握一定的客户和需求信息，但其程度远远低于它们对自己产品功能的了解。企业对数据进行定义和分析的职责通常分散在各个职能部门，形成竖井效应。尽管部门间也会分享数据，例如，销售数据会用来管理保养部件的库存，但这些分享规模有限且不定期。如今，企业在上述传统数据源之外获得了全新的数据来源：产品本身。智能互联产品能实时产生数据，其容量之大和种类之丰富都前所未有。行业、公共管理部门和非营利企业创建和共享的数据规模同时在大幅扩大，这些企业可以以多种形式生成数据，包括文本、多媒体和网络。文本数据可以是结构化、非结构化或半结构化的，多媒体数据可以是图像、音频和视频的形式，而网络数据是通过设备间通信、网络物理系统和传感器网络生成的。如今近场通信(NFC)、QR码、条形码和数字水印等技术被用于产品和流程识别，每天生成大量数据集，所有这些格式都会引发大规模数据的生成。

今天数据已经成为人才、技术和资本之外的又一项企业核心资源，在很多行业中，数据也许将成为决定性的生产要素。这些产品数据本身就有不菲的价值，当它们与其他数据，例如，交易历史、库存地理位置、大宗商品价格和交通信息等融合在一起时，其价值将成指数级增长。企业利用数据、发挥数据全部价值的能力将成为企业竞争优势的关键来源。因此，数据的管理、治理、分析以及安全保护等工作将发展一个新的关键业务部门。企业收集捕捉各种结构化和非结构化数据，将各种不同的数据以原始的格式储存起来。企业不仅可以对一件产品生成的数据进行简单的分析，获得基本的洞察，也可以把从企业层面以及外部数据源获得的产品数据汇入数据湖，企业可以对它们进行更复杂的分析，获得更深入的洞察。大数据分析被定义为数据管理、处理和分析5个V① 的整体过程，它可以为持续竞争优势创造可操作的见解。大数据本身并不总是指大型数据集，也可能指小型但复杂的数据集。

采用大数据分析，可以更好地了解客户行为的趋势，并为他们提供改进和定制的服务。有研究成果表示，在产品创新过程中，利用大数据分析能够实现减少交付周期和成本，所涉及的关键成功因素包括加速流程、改善客户关系、快速执行和改善生态系统。大数据分析在改变寻求持续竞争优势的各种组织和行业方面具有巨大潜力。利用发掘大数据分析的潜力，组织可以通过BPM提高其业务流程的效率和质量。因此，大数据分析和业务流程的成功集成可能创造一种新的经济资产类别，帮助表现最佳的组织重新

①5个V：volume容量、variety多样性、velocity速度、veracity真实性和value价值。

定义其业务，并超越其竞争对手。

过去，信息技术主要从两个角度影响业务流程管理：运营效率和活动效率。第一种主要是通过采用内部导向，即关于制造资源规划、企业资源规划等平台；第二种主要是通过采用外部导向，即关于供应链管理、客户关系管理等平台。大数据平台也可以从两个角度影响业务流程管理：企业的生产力和灵活性。因此，在追求这两个方向的过程中，大数据显然创造了支持复杂环境的能力，能够开发组织的二元性，能够用于提升开发当前活动和探索未来活动的能力。当然，大数据本身并不会带来成功，作为管理信息系统的基本组成部分，大数据需要使用正确的设备、程序，尤其是人员管理。从这个角度来看，如果目标是利用大数据最大限度发挥其二元灵活性的潜力，它可能对业务流程产生巨大的影响；但只有在使用业务流程管理、有足够的能力支撑 BPM，甚至包括心理学应用的情况下它才能发挥应用价值。正如我们前面所阐述的 BPM 和创新的融合既是技术性的，更是社会性的，具有技术和社会二重性。

大数据分析技能和思维方式的发展不应仅限于数据科学家，相反，它必须成为所有员工的能力。在数据驱动的商业时代，管理者变成了管理科学家，他们应该具备数据管理、分析、建模技能以及这些能力与商业的交叉点产生的新技能；而流程从业者不仅需要传统的业务分析能力，还需要有数据洞察和分析能力。

9.2.2　流程挖掘

一般来说，越来越多的企业数据是为通用目的收集，而不是只为单一的目标或分析类型服务。近年来，社会发展派生出数据科学的新领域，它是不同子学科的融合，包括：统计学、数据挖掘、机器学习、流程挖掘、可视化和可视化分析、行为和社会科学、隐私和安全以及道德等，其中流程挖掘基于流程分析事件日志中的数据，回答了关键的 BPM 数据分析和应用的问题。

BPM 涵盖了支持业务流程设计和分析的方法、技术和工具，数据挖掘指的是从系统和流程生成的数据中提取知识。BPM 和数据挖掘的结合产生了一个新的研究领域，称为流程挖掘，其目的是将数据挖掘技术应用于 BPM 生命周期，从工作流和 BPM 系统的事件日志中提取深入的见解。流程挖掘通过从信息系统中的事件日志中提取知识发现、监控和改进真实流程。流程挖掘从三个不同的角度解决问题：流程（如何）、组织（谁）和案例（什么）。由于流程挖掘技术有潜力创建真实过程的详细地图，以满足不同的目的，所以，流程挖掘可以类比用作组织流程的导航系统。同样的，流程挖掘应该为 BPM 领域指明最佳的转型方向。流程挖掘作为业务流程的导航器，使业务变得更透明，透明度的增加才能实现快速变化、敏捷和动态管理。

最初，流程挖掘的主要贡献集中在三个方面：流程发现即业务流程分析、一致性检查即业务流程监控和流程性能管理。流程发现是流程挖掘的主要场景，它根据事件日志生成模型，并不使用任何先验信息；符合性检查是指将一个已知的流程模型与这个模型的事件日志进行对比；改进是指使用相关事件日志扩展或者改进现有流程模型。流程挖掘并不限于流程过程的发现，通过将事件数据和流程模型紧密联系，还能用于检查合规性、探测偏差、预测延迟、支持决策制定和辅助流程再造，给原本静态的流程模型赋予生机，并将现今的大数据置入流程上下文中。因此，流程改进和流程合规性相关的管理将能够从流程挖掘中受益。

数字化创新环境下的流程挖掘，可用于理解和管理数字创新的影响，但它的重点既不应放在发现某种解释流程性能的稳定模型上，也不应放在针对预定义模型性能的一致性检查上，这两个应用都假定一个稳定的流程性能模型，并假定不一致性是有问题的。相反，流程挖掘的应用应该和它分析跟踪的数据一样具有动态功能。流程挖掘重点应放在揭示正在进行的流程性能中的稳定路径和模式，以了解哪些流程序列可能影响但不会决定未来的流程性能，并确定正偏差的机会。例如，在生产流程中执行特定活动的资源可能影响整个流程案例的持续时间或质量，因为需要或多或少的返工。另一个问题是如何协调不同资源不同计划可能影响这些资源执行的活动等待时间，这反过来会影响流程的总持续时间。上面的示例都代表流程挖掘在流程设计上的积极介入。

9.2.3　数字推动

数字推动这一概念提供了引导个人做出更好决策的工具以改进业务流程。业务流程的数字推动认为消极意图可能会损害组织，例如，撒谎或偷窃。如果一个意向对组织有积极的影响，或者对企业绩效或成功有积极的影响，那么它被认为是积极的意图。有研究表明，人们普遍认为自己会积极地偏离由冲动触发的行为，而冲动在大多数情况下是由环境因素、自身因素或两者的组合引起的。因此，积极的意图可以被视为未来改进的源泉，因为它显示了可以改变和改进的领域。因此，积极偏差是一个适当的指标，指出频繁执行的业务流程中的改进潜力。

推动定义为一个概念，旨在改进人们做出的决策，既不改变经济激励，也不直接禁止或推荐任何选项。推动的基本理论被称为双重处理，这是心理学中的一个既定概念，研究人类如何处理信息和做出决策。双重处理区分了人们处理信息的两种模式：系统Ⅰ和系统Ⅱ。系统Ⅰ是无意识的、自动的，需要较低的认知努力；而系统Ⅱ是有意识的、受控的、分析的，需要较高的认知努力。系统Ⅰ快速处理信息，并使用启发式做出决策。启发式是首选体系结构中的经验法则，可降低任务复杂性。启发式可能导致偏差，即系统错误，如误判概率。由于其快速处理的特性，系统Ⅰ很容易受到所选体系结构中轻微且不引人注目的更改的影响，而这可能导致不同的决定。相反，系统Ⅱ基于分析推理缓慢地处理信息。轻推的概念侧重于系统Ⅰ，可以有效地改变决策和行为。

推动因素包括激励、显著性、预承诺、默认设置、附加信息、社会规范和稀缺性等。激励是被描述的最初推动之一。推动的激励不是经济激励，这意味着这种方法中财务和物质状况没有改变。研究发现，通过提供额外信息，个人做出的决定得到了改善，也就是影响了人们通过影响系统Ⅰ做出的决定。在此基础上，可以通过积极的流程偏差考虑业务流程中的数字轻推，刺激流程参与者积极偏离预定义的业务流程。数字推进通过促进改进想法的快速验证和减少改进延迟补充现有流程设计方法，可以促进流程敏捷性更改和积极执行。

9.3 未来数字化 BPM 治理

9.3.1 战略调整

流程管理大师简·沃姆·布罗克和迈克尔·罗斯曼提出战略一致性是一项重要的 BPM 能力，它指的是流程和组织目标之间的同步。当下的组织生态系统日益复杂，这使得维持所有流程的战略一致性更加复杂。此外，流程结果最终会暴露于市场条件，也就是流程变革创新受益于市场原则，所以必须使用市场原则产生的新绩效指标衡量流程和战略目标的同步性，这要求在战略层面维护一个总体流程绩效度量库，这个指标库用来实现跨组织导航。

关于流程客户和利益相关者，市场原则将使组织更加关注外部和内部客户。在实践中，企业保留跨组织流程团队并保持其战略适合性已经是一项挑战，在新的市场原则下，还需要无缝整合外部合作伙伴，以确保流程的连续性，这些都需要在战略层面给出明确的定位和具体举措的支撑。

由于参与者的多样性和异质性，流程改进规划将更加困难，所以组织需要改变对流程变更的响应策略。未来流程执行的上下文具有高度可变性使得流程变更将更加常见，这要求致力于以流程利益相关者的最佳利益为出发点改进的组织，必须接受流程需要不断改变的挑战，因此，流程需要足够灵活，以考虑不同员工以及外部合作伙伴。针对这样的战略定位，组织结构可能需要做出调整，例如，通过扁平层次结构为低级别员工提供更多修改流程的机会，增强流程敏捷性。

企业流程架构是组织的流程景观，需要扩展其范围，以覆盖具有快速变化参与者的价值网络和生态系统。由于组织边界将不断模糊，甚至出现无边界组织，企业流程架构必须确保跨价值网络的业务流程集成，同时保持端到端的视角。

人才培养是战略调整的重要方面，人力资源部门要加大人员能力与战略目标相匹配的力度。日益增长的人才需求仅仅依靠个别部门的培养开始显得无力，需要利用组织的人力资源战略和政策满足组织目标，例如，各领域的数据科学家、多技能的项目经理等。

9.3.2　开发与运营流程、职责的结合

BPM 治理致力于角色和责任方面的权衡和透明的问责制。由于工作实践将不断变化，并更多地转向项目，未来预计流程和项目管理治理机制将合并。正如开发与操作的融合是软件开发中越来越多采用的范例一样，流程和项目的融合可以帮助组织应对未来工作环境的复杂性和波动性。团队

的变化和工作分配也要求管理层将注意力从单一流程转移至流程组合。在流程组合中，组织可以利用同步管理流程之间的依赖关系。随着项目工作份额的增加，以及流程和项目管理之间的界限变得模糊，流程角色和责任必须重新定义，现有角色将和项目管理中使用的角色合并；此外，还将出现新的角色，例如，流程组合经理、流程团队能力经理，以确保灵活的流程需求与员工能力相匹配。

在责任方面，治理机制中需要明确收集和评估流程指标与绩效关联的责任，以便在价值网络中快速可靠地执行。由于工作的项目特征，加上外部合作伙伴的参与增加，以及更广泛的组织结构，流程相关标准将更难执行。因此，与流程相关的标准需要在服务级别协议和项目相关规范中得到补充。

开发和运营的融合带来了决策机制的变化。对于流程管理决策，因为工作分配和例行程序将不断变化，集中决策将很大程度上转变为分散决策，所以快速重新配置流程的能力至关重要。在决策日益分散、对外包工作失去控制和层级扁平化的情况下，保留概览以及确保一致性将是一项挑战。分散决策的另一个含义是流程将更加依赖员工的能力。

9.3.3 灵活的开发方法

因为流程和项目之间的界限变得模糊，所以需要在流程和项目管理界面使用混合开发方法支持此类工作模式，正如开发和运维一体化结合了软件开发和运营工具简化软件交付过程一样。流程设计和建模将受到不断增加的项目工作特征以及快速变化的工作任务的影响，常规流程正逐渐让位于无结构、知识密集型的工作。因此，需要进一步开发新的流程设计方法，以充分支持此类工作模式。例如，实践者已经将陈述式建模与传统方法相结合，另一个例子是适应性案例管理方法在知识密集型流程中的应用。灵活的开发方法，对于识别合适的流程模型或片段以及创建新模型的速度要求至关重要，需要采用创新的方法存储、重用、组合和配置流程模型。

9.3.4　跨越知识领域的人才培养

人员因素是指应用流程管理技能和知识以提高业务绩效的个人和团体。鉴于工作的动态性和非结构化性质，未来组织对员工的创造力、持续学习能力和利用现有知识能力的要求越来越高，管理员工的能力将更能改变流程结果。培养创新思维以及员工的数字技能和心态对于抓住改善机会至关重要。流程技能和专业知识将受到执行人员的影响，这些执行人员作为自由代理人，不会认同单一组织和劳动力专业化程度的提高，组织将需要更加注意留住能够应对知识异质性并充当边界扳手的人员。考虑到执行人员之间的联系越来越紧密，并且需要在工作中不断学习，利用知识社区将是保持执行人员技能最新的核心。随着智能对象、智能系统和实时分析等新的数字功能成为流程的一部分，流程协作将呈现多种形式。日常工作的比例将越来越小，新兴的协作模型将需要有效地支持非结构化流程。所以，具有数字化思维和技术亲和力的互联员工能够快速利用数字化提供的机会。

流程管理领导者将变为自由人，不一定隶属于特定组织。尽管如此，他们必须找到有效利用来自多个组织的员工的智力、创造力和创新精神的方法，并激励这些员工完成需要更高技能的任务。流程管理领导者面临的一个挑战是如何在自由人团队中形成对工作的共同理解。领导层对流程管理的关注将发挥不太重要的作用，因为管理水平将降低。相反，至关重要的是，组织中的每个人都要反思流程，并采取面向流程的心态。

9.3.5　抛弃非此即彼的文化

文化因素包括员工在组织环境中遵守的与流程相关的价值观、信念和行为，虽然这一因素主要集中在对流程改进的态度、对流程的承诺及其在组织中的作用上，但预计其意义将在未来扩大。由于工作将独立于环境因素，并且越来越具有动态性，因此文化需要将敏捷性作为核心价值观，以快速适应新的机会并对外部世界的变化作出反应。随着想法、工作实践和信念在传统结构中的传播，组织需要变得更加开放，以避免一种非此即彼的心态。在开放创新的背景下，开放文化的重要性已经得到强调，但需要更广泛地解释。此外，由于人的能力将在很大程度上决定流程的结果，因此需要一种非常明显的以人为中心的方法，人们将参与分散决策和集体决策，并将作为负责人推进组织目标。

9.4 未来数字化 BPM 能力

由于数字技术实现了迄今无法想象的业务流程，数字化是 BPM 真正的游戏规则改变者，带来多种挑战和机遇。举几个例子：智能事物正在成为业务流程中的成熟参与者，导致新的人机交互；业务流程使数据紧张，因此复杂的实时数据评估决定了业务流程中的决策；众包和众解促进了资源参与，允许识别新的或快速扩展外部资源。所以，在以先进的流程自动化能力和新的数字流程设计机会为特征的环境中，纯粹的反应式和问题驱动的 BPM 方法已不能满足需要，取而代之的是，BPM 需要变得灵活，即它必须利用数字技术优化和创新业务流程。BPM 应利用数据进行分析，包括探索非结构化和非流程的上下文数据，它应该使组织能够处理不可预测、支离破碎、知识密集和跨组织的业务流程。随着数字化的普及，BPM 必须继续强调人的观点，以确保在未来的工作和消费中为员工与客户提供优化的增长空间。以上这些都对 BPM 的数字化能力提出了要求。

BPM 与能力密切相关，能力是一个建立在基于资源观点和动态能力理论基础上的领域，它可以通过执行一系列任务以实现特定结果。从动态能力理论的角度来看，能力分为静态能力和动态能力。静态能力是指一个组织的基本功能，而动态能力有助于整合、构建和重新配置静态能力，以提高其与环境的适应度、有效性和效率。目前业界普遍认为 BPM 是企业的一种动态能力。

一个著名的 BPM 能力框架是由简 · 沃姆 · 布罗克和迈克尔 · 罗斯曼提出的，由六个因素组成，包括：战略、治理、方法、信息技术、人员和文化。在一个昆士兰大学的业务信息系统工程研究项目中，来自学术界和工业界的三十多位 BPM 专家进行了一项全球德尔菲研究，并据此提出了新的能力框架，被视为在数字时代至关重要的 BPM 功能。他们提出的 BPM 能力框架包括三十个能力领域，这些能力领域沿着 BPM 的核心要素，即战略、治理、方法与 IT、人和文化的构建，给出了数字时代 BPM 的整体视图，见表 9-1。

表 9-1　数字化 BPM 能力要素

战略一致性	治　理	方法和信息技术		人	文　化
BPM 战略的一致性	上下文 BPM 治理	流程上下文管理	多目标流程设计	BPM 和流程素养	流程为中心
流程战略的一致性	上下文流程治理	流程合规管理	高级流程自动化	数据素养	证据为中心
流程定位	流程架构治理	流程架构管理	可适应流程执行	创新素养	变化为中心
流程客户和干系人的一致性	流程数据治理	流程数据分析	敏捷流程改进	客户素养	客户为中心
流程组合	角色和职责	BPM 平台集成	变革流程改进	数字化素养	员工为中心

来源：www.bptrends.com(2017)

1. 战略一致性

战略一致性是指组织战略和流程目标的持续一致性，它允许根据流程改进的需求和其对企业目标的贡献确定流程的优先级。在数字时代，战略一致性必须高度关注业务流程和 BPM 的价值主张，并且 IT 战略按照业务流程和 BPM 相关的利益和价值确保能够实现动态调整。在企业架构和组织间的价值网络中，流程的定位需要想办法保持透明，这需要组织的大数据创新战略的支撑。所以组织及其创新战略、业务流程战略、BPM 战略、IT 战略要实现动态且连续的一致性，并且还要和流程客户及干系人的利益保持一致性。

2. 治理

流程治理是建立透明的问责、评审和决策过程，以调整奖励和指导行动。在数字时代，BPM 和流程治理必须实现新的关联。一方面，这意味着必须根据组织上下文选择和定制 BPM 的方法和工具；另一方面，组织必须能够通过适当的决策、法规遵从性、安全性、变更管理和绩效管理概念，同时管理多种流程类型和上下文。治理必须定义流程架构管理和流程数据分析的指导原则。流程数据管理对于利用结构化和非结构化以及流程和非流程数据非常重要。在数字时代，角色和责任必须特别考虑新的工作协作模式以及新的流程参与者，例如，机器人或智能物品。

3. 方法/信息技术

启用和支持业务流程管理的软件、硬件和信息系统是 BPM 能力中技术和方法的部分，它是指在所有 BPM 生命周期阶段都需要高度支持 IT 的方法。在数字时代，流程设计应适合多种目的，例如，以客户为中心、风险意识或灵活性意识，同时还可以实现大规模个性化流程定制。由于上下文流程和 BPM 治理变得重要，流程上下文管理演变为一种基本能力，流程数据分析和 BPM 平台集成也是如此。流程执行必须支持业务流程的动态重新设计，以及处理新兴流程和没有流程模型的流程。流程改进必须支持敏捷模式，例如，敏捷模式必须能够直观、快速地重新设计业务流程，并能够基于性能数据和客户反馈对这些流程进行快速的数据评估。流程自动化是流程执行的体现，流程自动化要求必须能够处理非结构化任务，并通过利用认知自动化、社交机器人和智能设备等数字技术的机会实现新形式的人机交互。

4. 人

人是不断增强和应用其流程相关专业知识的个人和团体。前面描述的数字化 BPM 能力框架中，有五种与人相关的能力。首先，员工仍然需要大量关于 BPM 方法和工具以及相关流程领域的知识；其次，为了在数字时代生存和发展，员工还必须熟悉数据分析、数据隐私和数据安全技术；最后，诸如设计思维的创新技术、客户旅程等的客户分析技术以及关于数字经济的商业模式知识也是必不可少的。

5. 文化

文化包括形成流程相关态度和行为的集体价值观和信念。数字时代需要新的流程价值观和信念，仍然有必要将业务流程确立为企业管理的一个基本主题，同时培养跨职能思维也是文化的一个重要方面。由于对无限数据的访问和对数据分析技术的吸收，BPM 需要致力于根据数据做出重要决策，而不是管理者的直觉，这是数据决策文化的体现。数字时代的 BPM 还需要承诺持续审查现有甚至长期的业务流程，并以快速迭代的方式从失败中吸取教训。针对决策和授权的变化，BPM 必须让员工积极参与流程决策，并授予员工在遇到前所未有的挑战时自主决策的权力，同时考虑这些决策对员工工作生活的影响。

整体来看，数字化 BPM 能力框架包含了传统和新颖的能力，这意味着当前的 BPM 能力在数字时代并不一定过时。事实上，研究发现许多能力在未来仍然是相关的，但需要加强。例如，BPM 和业务流程仍然需要与企业目标保持一致；所有BPM生命周期阶段都非常需要方法工具和IT支持；业务流程仍然需要作为企业管理的独立单元建立。至于新功能，流程治理必须是上下文的，这意味着组织必须支持各种流程类型和上下文。类似的，BPM本身需要成为上下文，这意味着BPM方法和工具必须根据要支持的流程类型和上下文进行配置。因此，持续监控组织环境至关重要。此外，体系结构和数据将发挥核心作用。体系结构必须考虑流程依赖性以及组织间的流程组合和价值网络，必须在设计和运行时利用数据进行分析和符合性检查，并在合理的情况下利用预测技术。

简言之，在数字时代，BPM仍将负责监督企业工作的执行情况以及业务流程的改进。然而，为了在数字时代实现高效工作的目的，BPM必须进一步开发现有功能并探索新功能。为此，BPM必须在所有能力中包含六个总体主题：数据、人员、机会、网络、上下文情境和更改。

（1）数据：BPM应利用数据和分析方法进行证据驱动。

（2）人：BPM应该负责业务相关人员的技能、需求和价值观。

（3）机会：BPM应该平衡包括和新兴技术关联的机会。

（4）网络：BPM应该负责流程网络内的流程独立性。

（5）上下文情境：BPM应该在各种情境下实现流程定制。

（6）变更：BPM应该融合敏捷和变革。

第 10 章

数字创新下的未来 BPM

10.1 价值驱动流程管理

价值驱动的 BPM 也被称为 X 感知 BPM(X-BPM),它需要根据价值的特定需求定制和扩展 BPM,即价值驱动的 BPM 通过优先考虑驱动 BPM 计划的目标扩展当前的 BPM 知识和实践体系。价值驱动的 BPM 不是遵循传统的 BPM 实践,而是专注于价值链层次结构,从价值链开始,即需要做什么以实现最初推动 BPM 项目的结果,意味着可以根据触发 BPM 计划的值进行定制的流程管理。价值驱动的 BPM 提出了一些问题,例如,BPM 如何为组织的战略议程作出贡献,如何使流程变得有形,以及如何帮助克服传统的业务冲突。举一个价值驱动的 BPM 的例子,以内部员工为中心的 BPM 需要解决如何建模、捕获和提高员工对业务流程及相关活动的满意度等问题。一种可能的探索途径是,加入允许员工表达对此类活动兴趣的“喜欢”按钮,就可以将现有的工作分配原则扩展至工作流中基于偏好的工作分配。

研究表明,组织在启动 BPM 计划时,目标往往体现不同的价值观,这些价值观可以概括为一个核心价值观和其他六种价值观。透明度是价值驱动的 BPM 目标的核心，也是实现其他六种价值观的基础。只有对流程有共同理解的组织才能开始思考设计和运行流程，有形流程建模或虚拟环境的使用旨在提高流程的透明度和流程设计活动的参与度。因此，透明度是价值驱动的 BPM 的必要条件。六种价值观可分为三组，虽然每一组都包含两个倾向于对立的价值观，但 BPM 有可能缓和这些传统冲突，如图 10-1 所示。

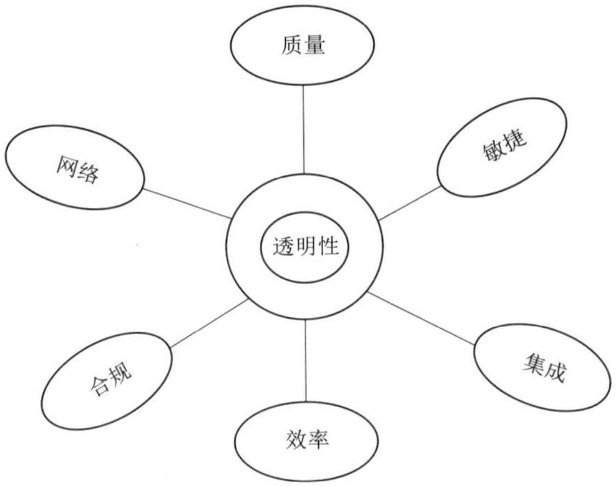

图 10-1　BPM 价值目标

来源：迈克尔·罗斯曼，2014

效率——质量价值观：这组反映了以被广泛接受的价值链为驱动的战略管理方法，即专注于流水型、高生产率的运营或者是专注于以客户为中心、质量驱动的流程战略。

敏捷性——合规性价值观：这组描述了高度适应性、灵活性的流程需求和在需求不断增加的情况下确保按照合规性标准以可预测的方式执行流程的冲突。

集成——网络价值观：这组反映了组织可以专注于将其员工集成于流程设计中，还是专注于与外部合作伙伴和资源建立网络并从中受益的目标冲突。

六个价值观中的三个价值观体现了内部目标，包括效率、集成和合规性。相比之下，其他三个价值观质量、敏捷性和网络，反映的是外部关注的价值观。然而，这三组并不是严格对立的，许多组织实际上必须在其 BPM 计划中以某种形式解决这六个价值观。在实践中，BPM 计划可以通过业务战略和目标确定三组价值观的优先级，并选择实施。

价值驱动的 BPM 的感知价值“X”的含义可能远远超出已确定的值，它还包括策略感知、文化感知、风险感知、资源感知、知识感知、位置感知、上下文感知或排放感知，其中一些目标不是直接的业务价值，而是中间步骤。例如，上下文感知 BPM 是减少业务延迟的一种方法，而排放感知 BPM 是减少组织环境足迹的一种方法。传统 BPM 的核心目标是以处理时间为重点可靠地执行流程，价值驱动的 BPM 如何超越传统的核心目标需要企业深思熟虑。在某些情况下，它还将作为一维流程优化范例的平衡。例如，有资源意识的 BPM 需要平衡管理空闲时间和等待时间这两个相互冲突的目标。因此，价值驱动的 BPM 将确保 BPM 工作根据企业最佳要求而不仅仅是本地流程目标进行情境化。

建立价值驱动的 BPM，需要实现 BPM 目标的可配置性，这将导致 BPM 工具、方法和系统需要满足个别 BPM 计划的特定需求。在大多数情况下，这将需要跨学科的努力，以便理解例如成本核算、风险管理或环境可持续性考虑等方面的具体需求。

10.2　敏捷 BPM

越来越多的企业发现自己在充满不可预测、复杂和持续变化的商业环境中经营，为了保持竞争力，企业必须对不断变化的环境做出快速而灵活的反应，需要高度的业务流程灵活性，而敏捷性是应对这种挑战最佳和最新的方式之一。组织敏捷性的概念是由研究人员在关于工业企业战略的报告中提出的，从那时起，组织敏捷性被认为是企业生存和竞争力的首要因素，被认为是当今前瞻性企业不可不谈的组织特征。组织研究、管理科学和信息系统领域的研究不断发现，敏捷性是组织成功的关键因素，敏捷的目的是掌握可能发生的变化。

敏捷性是指通过在一个拥有丰富知识的环境中整合可重构资源和最佳实践，促使类似速度、灵活性、创新、质量等竞争要素的成功探索，以便在多变的市场环境中提供适当的产品和服务，能够灵活地发现和应对环境中的机会与威胁。敏捷性意味着能够感知高度不确定的外部和内部变化，并基于内部操作流程的创新准确响应这些变化，同时还可以利用业务网络中合作伙伴的能力，进一步让客户参与探索活动。事实上，敏捷性背后的主要驱动力是变化，这种变化体现在客户需求、竞争措施、市场、技术和社会等方面。敏捷的组成部分包括变化前的行动、变化的内容、对变化的反应以及从变化中学习。

10.2.1 灵活快速的敏捷 BPM

虽然 BPM 是成功组织管理的关键，但 BPM 技术常常因无法处理持续的重大变化和不确定性而受到批评。在过去，很多企业一直致力于从组织和技术两个方面提高其业务流程的敏捷性，它降低了复杂性，改善了一致性，促进了客户和员工之间的沟通，并使组织能够以高效和有效的方式应对变化机遇，但传统的业务流程没有充分考虑组织敏捷性。近几年来，BPM 虽然实现了流程自动化，然而，为了保持竞争力，企业必须超越自动化流程，使其更加敏捷。在不断变化的工作环境下，组织必须能够在不中断其执行的情况下修改其业务流程。为了使这些流程更具适应性，将组织敏捷性的实践与业务流程管理相结合，建立一个超越传统业务流程管理系统特征的敏捷业务流程管理系统成为必要。为此，在软件项目中广为人知的敏捷方法已经被移植到业务流程管理中，借助敏捷优势，有针对性地增强业务流程管理，为业务流程的自动化、建模、交互和优化带来了新的巨大潜力。所以，在动态竞争条件的驱动下，组织寻求对业务流程进行动态管理以保持流程性能，业务流程快速高效的适应性成为企业日益重要的竞争因素之一。

敏捷BPM有时称为动态BPM或者自适应BPM。敏捷BPM可以被全面地描述为一种能够灵活感知不断变化的竞争环境的管理规程。敏捷BPM，可以使BPM持续准备快速创建更改，主动或被动地接受更改，并从更改中学习，以促进业务流程的一致性结果，同时有助于提高业务绩效和客户价值感知，这些客户价值感知通常包括经济性、质量和简单性等特征。敏捷BPM方法强调了业务流程和环境动态之间的持续一致性，这意味着BPM计划需要能够预测变化并在其业务流程工作中体现灵活性。简言之，通过支持更好的管理流程更改，敏捷性有可能通过主动或被动地创建或接受更改并从中学习以帮助BPM克服流程变更问题。另外，将敏捷与BPM结合起来，可以提高流程透明度，改善流程治理和企业敏捷性，提高面向客户的水平，例如，通过快速收集需求，建立流程灵活性和精益性，促进组织变革管理。

管理快速的流程变更对于在组织中实现BPM战略目标至关重要，敏捷BPM对于寻求采用和维护成功BPM战略的组织来说可以起到非常重要的作用，因为它能够确保业务流程的灵活性和精益性。组织嵌入高度动态的业务环境中，业务流程必须响应外部变化。比尔·盖茨曾说过“今天的成功需要敏捷性和不断反思、重振、反应和创新的动力”，也就是说，BPM的成功取决于敏捷性以及反思、重新设计和创新流程，以实现流程的管理方式可以使其适应外部动态并从外到内工作。好的BPM一个原则是流程依赖于上下文，并且符合外部需求，BPM的一个成功因素是基于流程和业务环境之间的匹配。各种研究强调，业务流程需要与外部动态保持一致，采用敏捷 BPM 可以应对不断变化的业务环境和增量改进。敏捷 BPM 可以通过不断编写和集成需求，以及理解、记录、设计、分析、模拟、执行和监控业务流程实现，它包括由知识和创造力处理的非结构化工作以及重复性流程。然而，将敏捷思维应用于 BPM 并不是一项直接的任务，需要理解敏捷工作方式的基本概念、基本价值和原则，敏捷 BPM 包含战略一致性、治理、信息技术、方法、文化、人员等方面。

10.2.2 敏捷 BPM 框架

敏捷框架①定义了敏捷性的组件和子组件：持续的准备、灵活性（包括创造、主动行动、反应和学习）和精益（包括经济、质量和简单）。注意，在实践中，如果一个变更降低了质量，那么它对敏捷性是没有贡献的。BPM 中的敏捷性可以实现灵活性和精益性。灵活性强调 BPM 在不断变化环境中的持续准备能力，即通过流程创新（探索性 BPM）创造变化，或接受变化并遵循流程改进（开发性 BPM），并从变化中学习。精益性强调迭代价值创造，需要简单、经济高效的工具和技术以及对流程质量的持续评估，以满足客户对高质量外部流程的需求和员工对高质量内部流程的需求。

有鉴于此，流程管理学者提出了敏捷 BPM 框架，该框架采用敏捷研究学者提出的敏捷框架，并将灵活性、精益性和创造性与 BPM 变更相关的任务相关联，如图 10-2 所示。它的核心是通过新技术的系统集成允许业务流程工作的敏捷管理。敏捷 BPM 框架概述了如何以系统的方式将敏捷性和 BPM 联系起来，框架的上半部分是指敏捷框架的分类法，而框架的下半部分是指管理流程变更的相应示例。更具体地说，框架的下半部分概念化了环境中的所有操作，包括技术、方法、工具、功能和管理业务流程的各种方式等元素，正确使用这些元素是实现成功流程变更的敏捷 BPM 的关键。

①来源：《敏捷业务流程管理：系统文献综述和集成框架》。

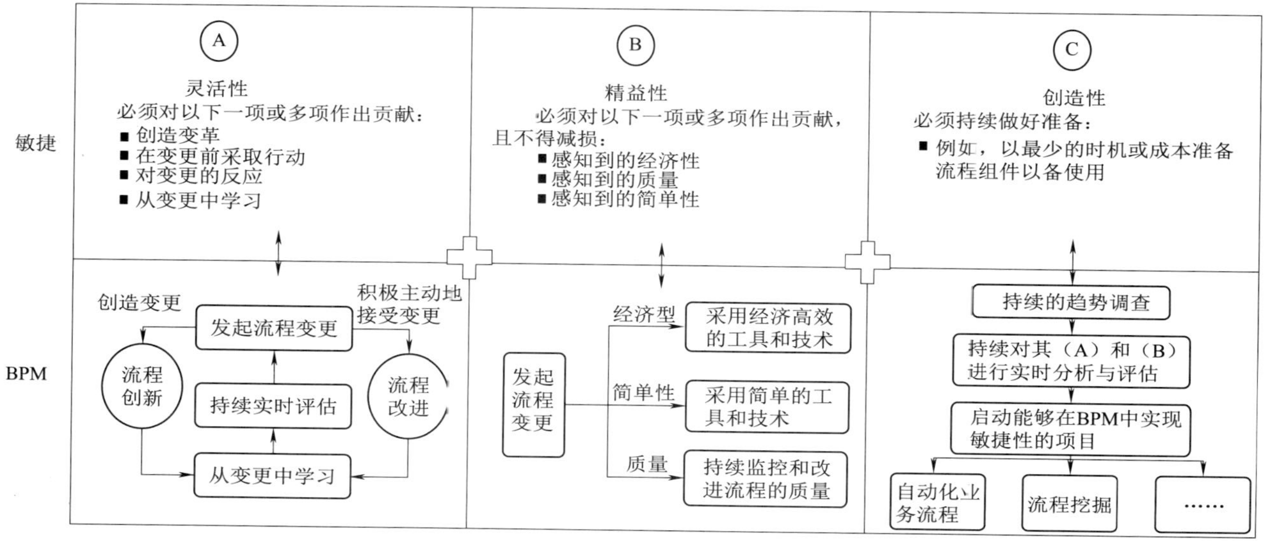

图 10-2　敏捷 BPM 框架

来源:《业务流程管理》,2019

框架左侧A列关注的是不断准备流程变更的组织。因此，如果敏捷BPM计划至少为以下一项或多项作出贡献，那么就是在创造价值：

(1)在流程创新和流程变更方面率先。例如，引进和开发新技术、设计新业务流程、新业务模式和创新做事方式；

(2)积极应对变化。例如，适应紧急技术、先于竞争对手采取行动、积极识别和实施流程中的必要变化、预测和预防流程中的潜在问题；

(3)应对变化机会。例如，在失去市场机会之前采用必要的技术、采用新的流程模型、及时改变效率低下的流程，以及持续审查和采用最佳实践；

(4)从组织间和组织内的变更中学习。例如，不断从BPM的实践、案例研究、培训中学习，以支持未来的流程创新机会，并创造一种不抵制变化的组织文化。

B列指出任何活动都不应降低客户要求的质量、经济性和简单性，而应通过采用具有成本效益的BPM工具和使用能够提高工作质量的最新方法和技术提高其水平。例如，使用流程挖掘、自动化业务流程和使用BPM系统进行连续且几乎实时的性能评估。

C列关注不断变化的环境。组织应不断扫描环境，寻找趋势实现BPM的敏捷性，并使其与不断提高质量、经济性、简单性的准备和努力保持一致，以确保它们在启动相关项目之前创造价值。例如，流程挖掘技术支持对业务流程进行几乎实时的连接和实时评估，采用此技术可使组织持续评估流程并及时发现流程问题，集成于此技术中的机器学习功能可预测流程更改并实时检测更改。因此，可以根据每个流程及其问题以创新、主动或反应的方式发起变更。

敏捷BPM框架的重点是实现高效和有效的流程变更，同时通过实时连接从这些变更中学习。例如，新技术的特点使组织能够从其流程的变化中学习。因此，敏捷BPM还可以建议必要的行动，以便在适当的时候提高流程的效率，这些建议可以显示为通知流程所有者按时执行任务，也可以显示为必要的操作，以避免业务流程出现问题。又例如，准时交货是采购组织关注的主要问题之一，机器学习和人工智能可以评估流程的性能，检查采购的当前状态，并采取两项核心措施：一是通知流程所有者流程交付将被延迟（例如，因为一项关键活动被延迟）；二是建议替代方案（例如，与供应商更好地合作或更换替代供应商）以避免延迟交付采购。因此，组织可以通过在准时交付方面的出色表现提高流程的质量，并且可以持续监控流程，及时发现问题，并在正确的时间采取必要的行动。

能够在 BPM 中实现敏捷性的另一个示例是业务流程自动化。当流程的数据可用性很低且高度手工时，流程挖掘技术很难使用。虽然可以使用物联网等技术实现流程中的实时连接，但需要流程自动化支持 BPM 的连续性，并有助于简化和评估流程的质量。流程自动化为流程挖掘和持续流程评估奠定了基础，它会触发流程变更或者优化计划。

BPM 通过敏捷视角丰富已有的观点。BPM 可以通过变更、对变更的反应、从变更中学习促成变更或主动采取行动创造价值，同时不减损客户对流程的经济性、质量和简单性的认知。此外，在这个过程中所采取的行动是连续的，所需的时间和费用最少，BPM 就被认为是敏捷的。

10.2.3　敏捷 BPM 项目

BPM 帮助企业专注于增值的端到端流程，并通过 IT 系统为其提供支持。因此，它专注于使用一套特定的工具系统实现基于流程的、长期运行且影响广泛的业务应用，并据此支持组织变革管理。然而，在一些 BPM 项目中，我们发现业务部门获得的流程确实是他们当时需要的，但随着时间的推移，需求发生了变化，原来的流程就不再是他们需要的了。其实，传统的软件工程也面临同样的问题，并提出了将客户与实际开发系统的工程师紧密联系起来的解决方案，这些解决方案基于敏捷软件开发的原则，例如“通过早期和持续交付有价值的软件满足客户”、“欢迎不断变化的需求”或“频繁交付工作软件”等原则。敏捷 BPM 项目的基础通过三个融合应对这种快速变化。

变化 1:使用魔术三角激发不同的项目管理方法

图 10-3 中所示的魔术三角可以用来解释伴随敏捷开发方法而来的范式转换的思想。虽然经典的瀑布式方法有一个固定的项目范围，但它只提供关于时间和预算的假设。相反，将三角形转变为敏捷，提供了固定的时间和预算，但对范围没有限制。一直以来，没有明确定义范围的项目是不可接受的，但现在人们认识到，具有固定范围的长期运行项目通常不会成功，最终也不会被用户接受。为了克服这个问题，敏捷 BPM 项目的基础是基于敏捷宣言及其适应性原则的。

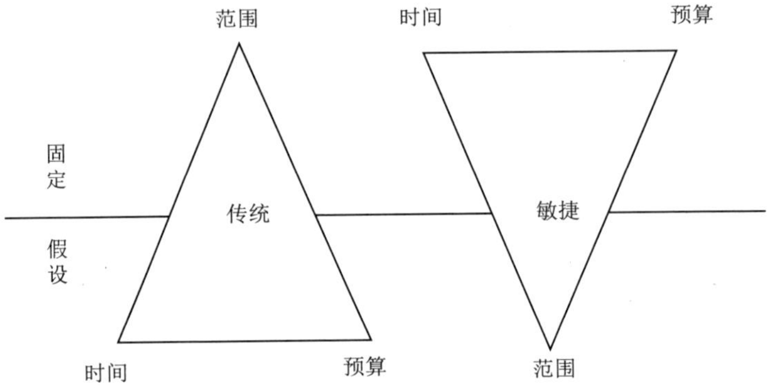

图 10-3　敏捷 BPM 项目魔术三角

来源：http://frapu.de/pdf/thiemich2012.pdf

变化 2:敏捷或经典项目方法的参数

通过评估图 10-4 所示的参数，可以对企业采用哪种开发方法给出策略性建议：倾向于使用敏捷还是传统的方法执行项目。敏捷 BPM 方法关注实现高效的流程分析、灵活性、变更准备和响应能力；传统的开发方法关注计划明确、固定范围和价格、官僚式客户关系。图 10-4 从人与文化、客户关系、合同模型与定价、项目规模和复杂性、主题、团队、分布、人员利用、方法技巧方面给出了区别。

偏向敏捷		偏向传统
开放接受改变	人与文化	拒绝更改、限制
确定的或信任的	客户关系	新的还是官僚的
时间和材料	合同模型与定价	固定价格
几乎没有依赖关系	规模和复杂性	很多依赖性
持续改进或者发起新项目	主题	BPR 或系统更换
基本稳定	团队	不稳定
现场	分布	广泛分布
专注于一个项目	利用率	许多并行项目
敏捷或集成 BPM	方法技巧	既不是敏捷也不是集成 BPM

图 10-4　敏捷 BPM 项目参数

来源：An Agile BPM Project Methodology

变化 3：阐明建模与实施

在 BPM 项目中，流程模型和实现都会产生业务价值。与现有的 BPM 方法相比，敏捷方法首先关注客户需求，并将其紧密集成于流程实现中。因此，传统 BPM 生命周期的前两个步骤建模和实施被合并在一起，从而产生更好的流程。此外，BPM 项目通常基于不同角色和组织模式进行与项目相关联的沟通。敏捷 BPM 流程负责人负责识别客户的需求，他必须在流程问题中提取并将其转换为适当的需求，并且确定需求优先级和评估优先级也是他的职责。此外，敏捷 BPM 流程负责人还负责该项目的投资回报，他必须随时为团队服务，以防在冲刺过程中出现问题。

敏捷BPM大师需要熟悉BPM以及敏捷原则和方法，并负责提供敏捷BPM方法和项目方法。

根据经验，从较小范围开始敏捷项目相对比较容易，最重要的是找到一个符合敏捷方法需求的项目，还有其他方面也需要关注，例如，在很多情况下，业务部门可能还没有准备好敏捷的思考方式和敏捷的多次小批量交付，不支持早期和频繁的反馈，因为很有可能业务人员需要在许多不同的项目中工作，不能将全部注意力集中在一个项目上。在这一点上，敏捷方法无法提供一般性建议，因为每个企业的组织结构都不同。敏捷BPM流程负责人还要记住，保持简单很重要，这不是以教条的方式遵循敏捷框架，而是寻找一条务实的、定制的道路。当组织开始使用新的敏捷BPM方法时，需要考虑业务的意识和知识，然后依次引入方法和工具。

10.2.4 敏捷BPM的技术性和社会性

新兴技术为管理业务流程提供了潜力，有助于实现BPM的敏捷，确保敏捷业务流程工作可以发挥关键作用，这个价值发挥过程的核心是技术和管理相辅相成，新技术支持敏捷实践，敏捷实践利用新技术。

BPM中的新兴技术能够帮助组织快速确定流程并确定其优先级，启动必要的流程更改并及时管理流程模型。这些新兴技术的一个例子是流程挖掘，由于能够提供有关流程性能的实时反馈，该技术可以提供实现敏捷性的重要杠杆。再例如，利用机器学习和物联网技术使组织能够通过实时连接流程实现持续评估时间、质量和成本等流程绩效。新技术的集成可以支持组织减少分析时间，并以各种方式改进流程。例如，通过对采购流程使用流程挖掘技术，流程所有者可以在发现现有流程后立即实时检测流程问题，评估返工活动的数量和价值等，这使流程所有者能够快速了解其流程，以评估流程绩效，并相应地启动流程变更和持续监控。值得注意的是，新兴技术不仅应该被整合于管理实践中，确保这些技术被接受和使用，更重要的是，新兴技术应该为 BPM 环境中的管理含义提供新的解释和理解。持续和实时的评估以及集成变更的承诺是敏捷 BPM 的先决条件。企业应该重新思考工作方式，同时考虑新的数字技术和 BPM 敏捷性对组织结构的影响。例如，管理者应该如何处理流程工作的实时评估和即时反馈？哪些技术与敏捷组织相关，应根据什么进行评估？如何检测业务流程的变化？

由于 BPM 社会科学的性质，敏捷 BPM 一定涉及社会化组件。在灵活、精益和创造性的原则下运作的组织依赖于相应执行工作的参与者，导致在两个方面具有挑战性：一方面，需要组织结构促进沟通、协作和快速决策；另一方面，组织需要确保人力资源活动支持敏捷 BPM 计划。例如，敏捷 BPM 方法可能为 BPM 团队创建新的职责，该团队负责管理流程的需求工作，敏捷开发过程将产品待办事项作为输入，并根据优先级选择待办事项，将产品增量作为输出交付，团队需要接受相应的培训以处理此类情况。此外，组织还需要确保招聘流程与敏捷计划保持一致。

敏捷业务流程工作是灵活的，并且随着外部动态的变化而不断变化，所以敏捷 BPM 需要学习、忘却和再学习。永远不要停止学习！本质上，敏捷意味着组织总是在移动，意味着产生改进和创新业务流程的机会。由于当今高度动态的业务环境，并非所有的变化都是可以预料的，保持开放，愿意改变和试验，并致力于集成新的机会，这些都是敏捷 BPM 的特点。

业务流程可能运行良好，但需要将流程视为多种可能性中的一种，总有机会对其进行更改、调整或创新。敏捷 BPM 意味着决策者允许新颖性、自发性和实验性。新的趋势或技术可以提供改进业务流程的方法，同样，业务流程也可以提供自动化或改进的潜力。正如技术对于敏捷 BPM

非常重要一样，敏捷流程工作主要取决于人员，敏捷意味着参与者可以处理不确定性。敏捷 BPM 中，决策往往缺乏明确的规则，即使事情已经运作了很长时间，管理者和参与者也需要准备放弃既定的做事方式，以学习新的方式。

敏捷 BPM 可以帮助组织在利益相关者之间进行有效沟通，从而提高组织的透明度。通过减少 BPM 不同阶段所付出的时间，例如，冗长的流程分析和设计阶段，敏捷 BPM 使组织能够快速响应变化，并识别流程改进和创新的机会。专注于 BPM 业务端的 BPM 专家对 BPM 的理解不同于专注于 BPM IT 端的专家，敏捷方法有潜力通过组建 BPM 团队解决与这种差异相关的问题，该团队具有高效连接员工所需的多样性。

10.3　新精益与 BPM

10.3.1　精益与工业 4.0

21 世纪的制造业经历了巨大的变化，自第一次工业革命以来，该行业在各个方面都在发展，并且在这一过程中获得了越来越多的技术。随着各国采用自动化和计算机集成技术改善制造业，日本工业设计了一种以客户价值为中心的制造方法，称为精益制造。丰田汽车企业成功地实施了精益制造，并在企业内显著提高了生产率，减少了浪费。从那时起，世界各地的制造业都试图让它们的生产工厂变得更精益，以获得相关的利益。通过这一努力，欧洲企业获得了显著的回报，不仅在制造业，而且在零售、医疗、旅游和金融等服务领域精益也取得了显著的成果。

精益生产开始于一个大多数生产都是手工制作的时代。14 世纪末，弗雷德里克·泰勒研究了工作场所的效率，他的想法包括划分工作并指定工人要执行的任务、培训工人以便他们能够执行这些任务，以及培训主管以确保任务按照规定执行。自 20 世纪 50 年代日本采用丰田生产系统（TPS），以及自 20 世纪 80 年代精益管理的概念出现以来，很多制造型企业一直在实施这一方法及其理念。精益提出了一套旨在最终提高生产率、客户满意度和业务盈利能力的原则。为了实现质量、成本、交付周期、安全和员工激励的目标，精益管理还包括一套方法和工具，即准时制、自动化、团队合作、减少浪费和持续改进。

在《改变世界的机器：精益生产之道》书中精益一词被推广开来。几年后，在《精益思想》中提出了精益的五个原则：价值、价值流、流动、拉动和完善。精益起源于丰田的生产系统，关注的是一个生产系统，该系统通过持续改进，并以组织学习为导向，被认为是用更少的资源做更多的事情。因此，它旨在通过消除任何被视为不增加产品或服务价值的行为的浪费，减少工作过程中不必要的变化和步骤。最初，它的重点是消除需要返工的缺陷、不必要的加工步骤、材料或人员的移动、等待时间、库存过剩和生产过剩等浪费。如今，它涵盖了从产品生命周期初始阶段开始的制造的各个方面，例如，产品开发、采购、制造，直至分销。它作为一种理念、一套工具和实践以实现高质量、低成本和短交付周期为目的，它是企业在所有领域活动中支持质量的管理结果。因此，精益是一种多维方法，可以实现协同工作，创建一个高效、高质量的系统，能够按照客户需求的速度交付产品，并将浪费降至最低。

制造企业的精益管理已经得到广泛认可和接受，它涉及人在制造过程中的严格整合、持续改进以及通过避免浪费而专注于增值活动。但目前兴起的工业 4.0 新范式允许在整个价值链中创建一个由机器、产品、组件、财产、个人和信息通信技术系统组成的智能网络，从而拥有一个智能工厂，并宣传是提高生产力、促进经济增长和确保制造业企业可持续性的关键。目前，精益和工业 4.0 的融合成为企业要关注的问题，即工业 4.0 的技术如何改进精益的实施水平和能力。

事实上，有研究表明精益制造和工业 4.0 不是相互排斥的，它们可以通过无缝集成，实现成功的生产管理，通过综合信息和通信系统，可以克服传统做法的缺点，提高生产力、消除浪费，这意味着企业在拥有整个工厂实时集成的综合优势的同时，能够进一步确保产生的废物和浪费最少。例如，德国的中小企业目前积极致力于工业 4.0 以实现其生产车间的精益化。

标准化流程、消除浪费和持续关注客户价值是引入工业 4.0 的基础，通过精益方法降低产品和工艺复杂性，可以经济高效地使用工业 4.0 技术。一般来说，一个没有标准化和连续流程的企业实施工业 4.0 将不会有生产力，只有生产企业已经通过精益进行优化，并且建立了精益原则，而且是员工参与度较高的情况下，在精益生产系统中实施工业 4.0 才有可能降低因组织变革经验而导致失败的风险。实施精益方法本身需要对员工实践进行大量变革，这可以更好地为未来的重大变革做好准备。

工业 4.0 和智能制造将让员工、原材料、能源、工厂以及设备的生产效率大大提升，实体经济中的所有业务流程都将因此受到影响，我们将迎来一个精益的新时代。精益的本质是简洁瘦身并反对浪费，基于这样的原则，新精益时代得益于数据，并在流程改进和 IT 服务中应用。

10.3.2 精益与大数据

在数字化时代，万物互联的数字技术使得精益在发挥质量、成本、效率等方面得到大大的提升和改进，而数据是这股重塑力量的核心。数据流转将让产品的使用以及整体价值链上的活动以多种形式得到精简，浪费将减少乃至消失。例如，产品中的传感器能在部件发生故障前发现维护需求，从而减少停机时间；反之，它们也能避免没有必要的保养。企业能获取产品的位置和使用信息，就能发挥其最大价值。例如，机油的更换是依据油品的污染程度，而不是根据固定的日期。新的数据分析将帮助企业得到过去无法实现的效率提升。例如，智能互联电梯能预测用户需求并据此运行，减少等待时间和能源消耗，一栋原本需要六部电梯的建筑现在只需要四部，而且效率更高。更进一步，产能过度将得到杜绝。产品即服务模式则允许客户用多少买多少，有了数据和互联产品，资产的分享将成为可能，并变得越来越便捷。

有效的数据在多种操作中提供了价值，包括不同的制造操作、劳动力的有效利用以及卓越的客户关系。制造业等行业通过安装在车间的数字机器、传感器和其他电子设备生成大量数据；从与供应商的规划和合作到向消费者交付成品，更多的企业也在供应链中创建数据。此外，大数据分析可以支持企业供应链的敏捷性和可持续性，可以帮助企业揭示隐藏的模式、市场趋势、客户偏好、未知的因果关系以及不同参数之间的相关性。如今，企业拥有大量从供应商到客户的分布式数据源，这些数据的形式多种多样，包括文本、数字、网络日志、视频等，对于许多企业来说，这些数据很难解释并做出明智的决策。因此，大数据分析在企业精益生产项目中的应用可以被视为一种新的方法，比以往任何时候都能为企业带来有形和无形的收益。大数据和精益生产的互补关系，可以支持和提高企业在动态环境中的绩效。大数据分析技术可以应用在精益价值链的全过程，图 10-5 展示了这样的信息。

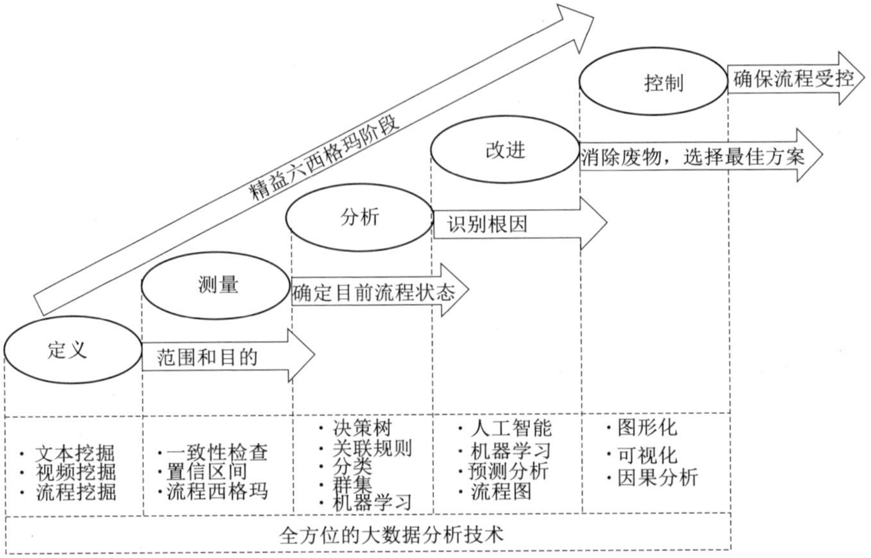

图 10-5　精益六西格玛与大数据分析技术

来源：https://www.tandfonline.com/loi/tprs20

10.3.3　精益与流程

精益作为一种企业内部运营管理的方法，和大家所知道的其他方法，例如，业务流程重组、六西格玛和改善，在企业中往往融合在一起使用，这几种方法的比较见表 10-1。

表 10-1　业务流程重组、精益、六西格玛和改善之间的差异

方法/特征的类型	业务流程重组	精　益	六西格玛	改　善
定义及目标	重新设计业务流程，以提高效率，例如降低成本和生产时间，提高质量	通过消除不必要的活动改进流程	减少流科的变异性	不需要使用技术，开展小的、渐进的流程劣化

续表

方法/特征的类型	业务流程重组	精　　益	六西格玛		改　　善
效果	已存在流程的变化	减少工作流程时间	标准化流程		持续改进
阶段/技术	①设定流程的愿景和目标 ②确定需要重新设计的流程 ③ 理解并分析流程 ④识别和定义使用 IT 技术 ⑤开发流程原型 ⑥实施重新设计的流程	①识别价值 ②定义工作流 ③开发工作流价值 ④基于客户选择进行生产 ⑤使用价值流和 A3 报告持续实现完美的价值流目标	DMAIC： ①识别 ②测量 ③分析 ④改进 ⑤控制	DMADV： ①识别 ②测量 ③分析 ④设计 ⑤验证	①所有工人的参与 ②改进方法或者流程 ③小的增量改进 ④建立一个团队，作为变革和成功的驱动力
信息化使用	技术支撑	主要支撑	主要支撑		不涉及

来源：https://www.tandfonline.com/loi/tprs20

流程创新，即将新的要素，例如新的生产方法、管理方法和新技术引入组织的管理和生产运营，它涉及使用新的知识、工具和设备，帮助组织重新最大化配置、利用资源和能力，以降低成本和提高生产效率。作为生产和运营管理领域最突出的创新之一，精益理念为流程创新能力提供了原则和实践。毕竟，丰田一直被誉为精益理念的先驱，在汽车行业创造了大量以专利数量最多为代表的增量创新和颠覆性创新。精益理念侧重于为利益相关者，尤其是客户增加价值，鼓励员工为安全、质量和绩效改进作出持续贡献，同时保持对端到端流程的整体关注，精益与流程创新之间的互补关系已得到广泛认可。

精益与六西格玛等绩效和流程改进计划不同，它不是一种数据驱动的方法。六西格玛起源于20世纪80年代的摩托罗拉，如今已被广泛应用于许多行业。六西格玛是一种纪律严明、数据驱动的方法，用于消除影响客户忠诚度的可变性、缺陷和浪费。六西格玛改进项目有助于提高绩效，减少过程变化，从而减少缺陷，大幅提高利润、员工士气和产品质量。六西格玛吸收了企业在业务层面的绩效管理方法，并利用项目结构和流程参数，帮助最高管理层推动企业，并将业务战略转变为所需任务。与精益方法一样，六西格玛也会遇到批评和某些限制，这些限制包括六西格玛的效益是否超过采用成本、六西格玛通过挤压创新的空间推动企业的发展等。六西格玛经常与精益结合使用，企业在这种观点下，引入精益六西格玛（LSS）这一术语，为客户提供价值。长期以来，使用精益六西格玛方法的业务流程创新一直被认为可以通过部署改善项目提高服务质量、流程效率和组织绩效，见图10-5。六西格玛补充了精益技术，以应对和解决定义、测量、分析、改进和控制（DMAIC）各阶段的具体业务问题和工具应用，精益六西格玛是两种哲学的结合。简言之，精益注重客户价值流，而六西格玛了解客户的需求，并有助于以结构化的方式实施政策。许多研究人员和企业都提倡精益和六西格玛的整合，因为它们的共同目标是消除浪费和创建高效的系统。

另外，我们在上一章节介绍过，通过将精益理念与敏捷相结合，形成敏捷BPM。敏捷BPM重新评估精益理念以应对多变的市场和不断变化的客户需求，该理念促进了流程上游的精益方法，同时确保下游的敏捷响应在不可预测的市场中创造交付能力。

10.3.4 精益与IT

经过数十年精益哲学在制造行业的应用和发展，精益原则被转移至服务组织，已经在其他职能和业务中得到验证，如金融、人力资源或保险、银行、医疗保健和IT。自20世纪40年代以来，将精益原则应用于IT组织的呼声越来越高。2011 年史蒂夫·贝尔和迈克尔·奥曾的《精益信息技术》一书使精益 IT 脱颖而出。多年来,人们对在 IT 中使用精益越来越感兴趣,许多实践者将精益原则应用到 IT 组织中,这一发展背后的关键驱动力是 IT 部门始终无法向客户提供所需的价值,尽管 IT 开始尝试通过成熟度或流程模型进行改进,但在客户眼中,它的表现仍然不佳。

精益 IT 协会①将精益 IT 定义为:精益 IT 是精益制造和精益服务原则在信息技术产品和服务开发及管理中的延伸,其目标是不断提高 IT 组织向客户提供的价值和 IT 人员的专业水平。所以,精益 IT 专注于改进 IT 人员、IT 流程和信息技术,以便为客户提供更多价值。精益 IT 主要关注于建立 IT 价值流,尤其是与相关人员的行为和态度有关。然而,精益 IT 也利用了六西格玛的一些要素,例如,定义、测量、分析、改进和控制(DMAIC)的问题解决过程。

IT 组织与生产制造组织应用精益时会发现有不同的挑战。首先 IT 服务是一个无形的实体,即使是服务的核心软件,也不是可以挑选和查看的东西,只有通过安装和使用才能理解其价值。在很大程度上,IT 服务是不可预测的,我们不知道它什么时候会失败,我们不知道它需要如何改进。其次,在 IT 服务中,人们也不习惯从整体上衡量服务,虽然可以衡量信息系统的性能,但这只是 IT 服务的一部分,最关键的组成部分仍然是提供服务的人员,"人"这一部分在很大程度上仍然无法衡量,这正是它与制造业的不同之处。因此,将精益应用于 IT 是一个不同的命题,本质上,它是关于将精益应用于人,而不是机器。追求完美意味着提高相关人员的专业水平,即提高 IT 人员解决问题的能力、自主和团队合作的能力,以及提高他们对主题的掌握程度。最后,除了技能的提升,精益 IT 还意味着需要采取新的思

①精益 IT 协会:https://www.leanitassociation.com

维方式，IT服务需要关注价值、价值流、流动、吸引力和完美。所以，精益IT的维度应该是多维的，包括客户、流程、绩效、组织以及行为和态度，除了这些维度外，还需要一种持续改进或改善的方法。

精益在稀缺的环境中蓬勃发展，稀缺指时间、金钱、人才或材料等资源。资源匮乏是精益发展的原因，也是应用精益原则和使用精益工具的原因。精益IT的提出将IT工作者作为稀缺资源来定位并感知。由于IT是知识工作，知识工作者的生产力就变得至关重要，时间是计算生产力的一个重要因素。大家似乎每天陷于“忙于解决事件而无法正确记录”“没有时间正确完成变更和项目”“必须减少测试以满足交付日期”等现象中，所以缺乏时间是推动改进机会的一个重要因素，精益有助于充分利用稀缺的IT资源。

IT精益化有多种原因，它主要围绕三大类原因或者驱动：客户满意度、战略价值和财务价值。首先，精益有助于关注客户价值。通过这样做，组织可以为其产品和服务增加更多价值，同时减少浪费资源，提高灵活性和适应能力。通过改善与客户及最终用户的对话和联系，使IT组织能够大幅提高客户满意度。其次，精益组织不断提高流程绩效，这为组织提供了巨大的战略价值，例如，服务质量更好、交付时间更短、开发和部署效率的不断提高。最后，通过减少流程浪费、优化增值工作，从而释放更多的资源，这将带来经济效益。然而，必须强调的是，提高利润率并不是精益的主要目标，尽管可以预期这是改进并减少非增值活动的次要效果。除了这些原因外，当前的业务表现也可能为组织采用精益思想提供一个令人信服的理由。例如，质量差也可能是采用精益生产的驱动因素。质量差对组织内外都有影响。外部影响可以是声誉损害和损失等方面造成的客户信任度的降低从而导致组织承担巨大的成本或处罚；内部影响可能是意外的IT功能缺陷数量在组织内部造成压力，由于检查、返工或降低工作积极性，造成成本增加。

传统组织的目标是最大限度地利用 IT 资源，这意味着必须确保像程序员这样的昂贵人员得到尽可能多的工作，这样就不会浪费时间。这种思维源于资源的稀缺性和成本，因此我们应该充分利用它们，然而，这往往导致效率低下，因为 IT 人员生产的产品比实际需要的多，而让他们忙于工作会降低他们的灵活性。

精益 IT 的目标是持续改进对客户的价值交付。精益组织首先关注最大化流程效率，即确保工作在流程中进行，以便尽快向客户交付价值。精益 IT 是一种独特的改进方法，专注于以最少的努力向客户提供价值。换言之，精益 IT 在本质上与其他质量体系类似，它平衡了有效性和效率的概念，目标是建立适合目的的持续改进方法，这使相关人员感到 IT 部门正在采取措施，以尽可能有效的方式提供更多价值。在寻求改进的过程中，最佳实践框架和标准可以满足长期愿景。IT 服务管理是围绕标准化 IT 流程的需要而构建的，然而，从精益的角度来看，并非所有流程都是真正的价值流。通过使用精益 IT，组织可以专注于正确的流程，为客户提供最大价值。尽管精益 IT 实践是独立发展起来的，但 IT 服务管理对其提供了高度支持，因为有许多共同的目标。IT 服务管理的最佳实践可以作为流程改进的未来状态，而精益 IT 可以保持 IT 流程的新鲜性和持续相关性。

精益 IT 可以包括开发出更简洁的模块化软件架构，让用户可以轻松改进；在现地现物的原则下，还包括将 IT 人员分散到组织各处，与一线业务团队或者用户面对面沟通，直接为他们提供支持，而不是坐在远程办公室里远距离地设计解决方案。如果一线业务团队或者用户知道如何改进自己的工作和系统，那么在设计下一代系统时，他们就会成为更有知识的贡献者。

10.4 绿色 BPM

全球一致认为有必要减少人类集体的碳足迹。由于外部立法要求的压力，以及公众意识的提高，很多组织被迫获取有关碳足迹的详细信息，了解并尽量减少碳足迹。虽然许多研究关注于开发替代能源、汽车技术或废物处理技术，研究学者同时也指出，优化现有企业运营以减少其排放影响的能力是这项工作的基础，这种方式将问题转化为 BPM 领域的问题，可以利用该领域丰富的专业知识确定需要改进的方向、理解其含义和执行碳足迹最小化相关的措施。所以学术界使用术语“绿色 BPM”描述一类现象，并利用和扩展现有 BPM 技术，以流程设计和执行的碳足迹为依据，实现流程设计、分析、执行和监控。广义而言，绿色 BPM 支持环境可持续流程的设计和实施。在信息系统的背景下，绿色 BPM 也被定义为管理业务活动以减少业务流程的环境影响，包括设计、改进等流程生命周期和操作步骤。例如，基于信息技术系统处理环境问题的绿色信息系统，通过活动设计减少业务流程中的碳排放等。

10.4.1 绿色 BPM 战略、组织与文化

“绿色”一词的含义与可持续性几乎相同，经常交替使用，它涵盖的范围很广，例如，可持续性、能源短缺、生态友好、无污染、社会或政治稳定。可持续性是指那些不可以立即创造的东西，是长期稳定运营和管理的结果。可持续性的概念将环境因素引入经济科学。数字经济与绿色经济是引领经济实现结构转型的两大重要方向，也将成为推动经济高质量和可持续发展的主要动力。对于业务流程管理这一学科而言，可持续性方面的要求变得越来越重要。业务流程是协调企业资源以实现给定目标的手

段，这些目标过去一直是成本或时间等经济目标，现在需要通过生态方面加以扩展。

业务流程的正常运行依赖于大量资源，包括作为输入的原材料、工具、机器和能源，它们的产出是对客户有价值的产品或服务，以及不期望的结果，例如，排放和废物。业务流程管理有助于识别、量化和管理环境影响。绿色 BPM 背后的意图是将生态目标纳入业务流程的管理中，通过关注流程的环境影响理解、记录、执行和持续改进过程。为了实现这一目标，BPM 需要将生态导向的补充物加以扩展，将环境战略作为流程战略的一部分加以考虑，提高对能源消耗和污染的认识。绿色 BPM 包括绿色流程战略、绿色业务流程再造，以及捕获和建模业务流程单个活动资源消耗的方法。作为先决条件，了解每项活动的资源和能源需求非常重要，这需要流程模型的扩展，但更需要能够测量单个活动的资源和能源消耗并将其分配给业务流程中相应活动程序的可用性。

诸多学者提出的绿色 BPM 框架借鉴了有关传统业务流程生命周期的理论和多个公认的组织管理理论，表 10-2 提出了一个集成的 BPM 分类框架，以及建议的绿色 BPM。流程建模、流程实施和流程优化的能力分为第一类，称为业务流程生命周期（BPL），这个能力类别显示了较强的技术性，主要来自信息系统和质量控制领域；第二个类别的能力由前三个功能组成，并扩展了业务流程生命周期管理领域，称为业务流程管理（BPM），该能力来源主要依赖于质量控制和业务管理领域；第三类业务流程导向（BPO）主要基于企业管理领域，并增加了面向流程的文化和面向流程的结构的要求。

在以上分类的基础上，建议绿色 BPM 的内容要求如下：

(1)流程建模、流程实施和流程优化（BPL）。强调在业务流程生命周期中环境的可持续性，它包括设计、分析、实施和发布的方法，也包括 IT 系统及针对环境绩效指标的测量、控制、评估和改进。

(2)流程管理(BPM)。这一类别扩展了第一个类别，还包括可持续业务流程的日常管理、所需的角色和职责，以及相应的技能和培训，它还涉及绿色流程目标与组织战略、客户、供应商和其他利益相关者的关系。

(3)业务流程导向(BPO)。这一类别扩展了前两个类别，其价值观有利于可持续的业务流程，并将其转化为态度和行为。它将可持续业务流程的友好环境和交易融入态度和行为中，并开展对绿色行为的实践评估和奖励，也需要考虑绿色流程的结果和最高管理层的承诺。它还包括在组织中建立具体的绿色组织的管理要求，以协调组织内所有环境可持续业务流程的管理。

表 10-2　绿色 BPM 概述

<table>
<tr><th colspan="3">主要传统</th><th>能力领域</th><th colspan="3">评估分类</th><th>绿色BPM相关</th></tr>
<tr><td rowspan="2">质量控制</td><td></td><td>信息系统</td><td>■流程建模
■流程实施
■流程优化</td><td>BPL</td><td rowspan="2">BPM</td><td rowspan="3">BPO</td><td>绿色BPL</td></tr>
<tr><td rowspan="2">业务管理</td><td></td><td>■流程管理</td><td></td><td>绿色BPM</td></tr>
<tr><td></td><td></td><td>■流程定位的文化
■流程定位的结构</td><td colspan="2"></td><td>绿色BPO</td></tr>
</table>

来源：《业务流程管理》，2019

BPM 作为管理组织绩效的整体方法，它还应该关注战略、文化和关键成功因素。所以，绿色 BPM 也不例外，它不仅涉及 BPM 生命周期步骤，如设计、度量和改进可持续性流程，同时也关注战略、治理、人员和文化，所有这些都是实现环境可持续性流程管理的关键因素。

对环境可持续性的管理重点是环境绩效指标(EPI)以及与环境可持续性相关的组织因素。例如,来自联合国、大型行业机构等的六份报告(见表 10-3)始终关注环境影响的组织因素,同时能源消耗也是所有六份报告的主要议程。所以,需要一个环境管理战略审计和控制能源消耗,其中一种方式是通过应用 BPM 的技术和解决方案,减少流程中的能耗和浪费。

表 10-3　按 ES 组织因素和 EPI 划分的行业报告重点

报告	组织因素			环境绩效指标(EPI)					
	管理	战略	文化	能源消耗	二氧化碳足迹	GHG 排放(其他)	可回收	废物管理	水消耗
澳大利亚共同财富,2010 年	√	√	×	√	√	√	√	√	√
澳大利亚联邦,2010 年	√	√	√	√	√	√	√	√	√
联合国环境规划署,2014 年	√	√	√	√	√	√	×	√	√
联合国气候变化政府间专家委员会,2014 年	√	√	√	√	√	√	√	√	√
国家可持续发展委员会,2013 年	×	√	√	√	√	√	√	√	√
澳大利亚工业集团,2007 年	√	√	√	√	√	√	√	√	√

来源:《澳大利亚信息系统》,2020

组织战略和文化影响组织的环境绩效,组织需要在结构的各个层面实施新的价值观,员工的态度和行为非常重要。绿色政策的指导方针将对员工日常资源使用的方式给出指导建议，并引导员工重新思考既定的使用模式。通过获得基本技能和知识，流程参与者将执行绿色业务流程。员工行为随企业态度而扩展，企业及其员工对环境可持续性的态度是实施长期绿色 BPM 的基本因素。绿色 BPM 还要和企业价值观匹配。有些组织成立了可持续发展委员会，确定了可持续发展所有者，在组织结构内实施负责绿色战略的首席生态官，以确保组织的可持续发展治理。

10.4.2 绿色 BPM 建模

流程模型的概念是 BPM 的基础，流程模型旨在捕获处理流程实例的不同方式，通过存在的符号建模运营业务流程，这些符号有一个共同点，即流程是根据活动描述的。业务流程建模表示法（BPMN）是一种成熟的流程建模表示法，在业界得到广泛接受。一般来说，业务流程建模符号缺乏定性属性的表示，例如，碳排放的影响。在需求工程文献中，定性属性也称为非功能性需求（NFR），一个备受关注的定性属性是环境绩效指标的概念。环境绩效指标是组织用来衡量环境绩效并计算其对环境影响的指标。

绿色 BPM，可以扩展流程建模符号，以反映流程模型中的环境影响指数，例如，二氧化碳足迹和 GHG① 排放，以便更好地沟通和监测流程的合规性，并记录有关流程的环境信息。流程建模扩展指使用环境可持续性流程模型或流程建模符号，它可以将环境信息在业务流程模型中可视化，用于表示业务流程的环境影响。通常，绿色 BPM 扩展流程建模符号是通过在流程设计中添加排放量或能量累积注释实现的，即引入一些新的图形、图标、指示器等元素，对资源和活动之间的关系进行建模，以告知

①GHG（Greenhouse Gas，GHG。）或称温室效应气体，是指大气中那些吸收与重新放出红外辐射的自然和人为的气态成分。

业务流程及其排放或对能源的影响。目前广泛接受和使用的一个环境绩效指标是二氧化碳当量①排放量的测量，二氧化碳当量已被确定在全球变暖中发挥关键作用，并受到国际环境框架的高度关注。建模过程可以通过添加扩展二氧化碳当量符号实现排放注释，即说明流程活动在执行时的碳排放值。

10.4.3　绿色 BPM 测量与优化

当前各个组织积极管理其自然资源的使用，并不断改善其环境绩效，通过识别和测量环境绩效指标，可以实现环境绩效的持续改进。核心环境影响指数包括水消耗、能源消耗、废物管理、回收利用以及二氧化碳和温室气体排放量的测量，这些指数广泛用于工业部门。因此，重要的是要考虑这些环境影响指数在组织中如何管理和持续改进。

BPM 非常适合解决环境可持续管理挑战，因为它专注于通过优化流程、减少浪费和提高绩效提高组织效率和运营效率。BPM 是一种整体运营的管理方法，通过制定组织的 BPM 战略以实现价值，并不断提高组织的经济可持续性，它对流程资源的清晰理解有助于测量和分析组织中的流程绩效。识别、测量和监测环境影响指数至关重要，因为各组织利用环境影响指数分析其环境影响并监测其绩效。环境影响指数如果测量和报告正确，将影响组织的战略决策，这些数据可以随着时间的推移进行分析，以评估企业对环境法规和标准的改进与遵守情况。在环境可持续性管理过程中，组织可以通过 BPM 方法测量流程的环境影响指数，以减少

---

①不同温室气体对地球温室效应的贡献程度不同，为统一度量整体温室效应的结果，需要一种能够比较不同温室气体排放的量度单位，由于 CO_2 增温效益的贡献最大，因此，规定二氧化碳当量为度量温室效应的基本单位。一种气体的二氧化碳当量为这种气体的吨数乘以其产生温室效应的指数。

组织活动的环境影响。换句话说，流程绩效指标可以扩展包括环境绩效指标，BPM分析技术可以用于识别、测量、改进和监控业务流程的环境绩效。绿色BPM扩展传统的流程性能测量方法，主要表现集中在二氧化碳足迹、能源消耗和温室气体排放的环境影响指数上，通过这些环境影响指数的指标测量，开发基于活动的报告工具，创建、计算并包括业务流程层面活动产生的排放清单，以支持减少气候变化。绿色BPM实施的关键是设计并实施流程性能测量方法以解决环境绩效指标的管理问题，为组织可持续性管理提供指导。因此，绿色BPM由于面向流程的方法以及在流程层面测量和分析环境绩效指标的便利性，通过对环境资源的管理和控制使用，最终为组织带来竞争优势。

我们必须学习如何重新设计当代生活的许多方面，使之成为可持续的经济，而BPM将是这一重新设计的关键驱动力。BPM以其对企业业务流程的理解和改进/优化而闻名，精心设计的流程有助于有效利用稀缺资源，通过监控和优化流程，大幅减少资源的使用，以使其朝着可持续性组织目标前进。为了进一步使绿色计划与业务和流程目标保持一致，组织还可以使利益相关者参与可持续性计划，实施流程中反映过程活动的碳足迹，让流程的碳足迹变得可见，并且可以方便地传达给利益相关者。还有研究通过合规性检查和建议的流程检查模式进一步探索环境过程优化，该方法识别环境弱点并最终优化业务流程，扩展了合规性检查方法的应用。然而，组织中绿色BPM的设计、实施和优化会产生成本，需要进行重大变革才能真正达到目标。

绿色BPM流程能力成熟度评估是指组织把环境可持续性作为能力衡量其当前BPM成熟度水平的扩展。在可持续性和绿色BPM治理下，能力模型应包括可持续的实践、战略和治理，以指导组织绿色能力的成熟度目标、评估和改进。绿色能力成熟度模型将使组织能够识别、评估和改进与其环境、社会目标相关的实践、流程和战略。扩展的绿色流程能力成熟度模型使组织能够定义和控制其企业可持续性能力，该模型基于 BPM 能力模型，将环境可持续性集成于组织的常规 BPM 能力中，并帮助员工了解这个领域的当前绩效和未来改进目标，通过能力成熟度使组织能够基于 BPM 能力模型定义、实施和监控其环境可持续性工作。

10.4.4　绿色业务价值链

考虑到环境影响，世界各地的许多企业已将绿色战略纳入其业务，部分组织的业务职能已经建立了绿色商业实践，这些绿色实践为商业世界带来了巨大的变化，带来了多样化的机会，这也是为什么世界上有相当多的大企业正在实施绿色战略的原因。

制造商参与绿色业务主要有两个原因：来自社会责任、竞争力等内部动机和来自客户、政府或利益相关者的压力带来的外部动机。然而，大多数企业都有实施绿色实践的激励措施，这些措施主要由竞争力和成本问题驱动，而不仅仅是社会责任。除了环境影响外，绿色商业实践在经济和社会发展中都非常重要，它以所有可持续优势影响业务以及所有业务因素，例如，组织决策、风险管理、利益相关者的影响、员工参与和创新、技术复杂性，营销和传播。如今，许多商业组织正在制定绿色战略，建立不同的绿色商业框架，通过可持续性实现不同的优势。

绿色业务是指通过改善组织经济状况、保护环境免受不利影响，最终确保组织作为对绿色资本的积极响应。企业实践者已经认识到，企业通过使用可持续性标准可以从不同层次的流程中获得新的利益，例如，运营、采购、销售、营销、利益相关者参与以及整个行业的变化，这些好处包括成本降低、盈利能力提高、生产率增长、声誉提高、供应安全、法律合规性、有利的政策环境和公平竞争环境。

1. 绿色供应链

绿色供应链管理是指对企业活动的综合环境关注，例如，采购、生产、原材料、营销、物流、逆向等，以提高企业的生产率和盈利能力。绿色供应链管理考虑整个价值链的环境绩效，采取必要措施确保环保产品或服务，减少与成本相关的运输、仓库和废物，并减少所有供应链管理要素对环境的影响。绿色供应链实践包括绿色采购、绿色制造和绿色物流等，它是商业世界中最佳实践领域之一。

(1)绿色采购也称为环境优先采购，是指购买对环境影响较小且对社会有益的环保产品。消费者的绿色采购决策取决于多个因素，例如，环境保护、环境责任、产品体验、环境友好性和普遍吸引力，这些环境影响因素控制产品采购的整个过程，从原材料采购开始，到产品损耗的处理，确保采购过程具有最积极的社会意义和最低的环境影响。

(2)绿色制造通过以环境友好的方式生产产品或提供服务增加利润，它包括完整产品的制造设计、损耗的制造设计、减少污染源和回收利用。此外，绿色产品设计展示了绿色制造过程，在市场上开发和销售绿色产品，使用绿色能源，并在业务运营中采用绿色程序。在这种情况下，技术发挥着重要作用，因为生产完全依赖于技术创新。

(3)绿色物流被视为企业运营和现代供应链系统的重要组成部分，各行业正在为物流活动采取绿色战略，以最大限度减少物流运作的成本和浪费。

2. 可持续性精益

可持续性是精益管理的下一个进化阶段，因为它超越了七项精益原则内部浪费的消除，鼓励整个供应链减少外部废物，并导致全球社会条件的改善。精益和绿色供应链管理战略之间的协同效应产生的积极效果包括库存水平、过剩产能、运输和生产时间的减少，以及整个供应链的集成水平和信息共享频率的提高。精益管理和绿色管理的综合方法可以通过考虑环境价值和经济价值实现，这种方法可以减少整个供应链中的材料、产品、包装废物、缺陷、返工、废料、能源、水消耗和污染成本。有研究表明，精益管理和绿色的整合能够帮助企业平均将资源消耗从 40%减少到 20%，并将能源和质量的成本降低 7%至 12%。另外，基于工业 4.0 技术的流程创新战略改善了精益对运营绩效的影响，也带来了更高的经济效益。

3. 绿色设计

绿色设计被视为绿色业务流程中最关键的因素之一。对于每个行业来说，为未来的每一次产品运营准备一个好的、有用的设计是很重要的。绿色设计包括完整供应链流程的设计、环境支持材料采购的设计、制造流程的规划以及整个物流流程的设计，这些设计都对环境可持续性产生影响。前置的绿色设计过程有助于企业的可持续发展，它从计划阶段开始，到决策阶段结束，将有助于建立具有多个目标的业务实施。

4. 绿色营销

绿色营销是从营销领域产生的一个整体管理过程。绿色营销定义为产生和促进满足人类需求或愿望的任何交换的所有活动，而这些需求和愿望旨在把对自然环境的有害影响降到最小。绿色营销组合是建立绿色业务的实用工具之一，绿色广告在突出产品的环境效益方面发挥着重要作用，现实中消费者对绿色广告的反应被认为是相当积极的，它促进了可持续的生活方式，改善了品牌的绿色形象。有效的绿色营销战略取决于良好的沟通，沟通作为可持续性商业的重要组成部分可以起到教育和告知消费者的作用，减少绿色产品中的信息不对称。

5. 绿色产品

绿色产品在生产、使用、处置方面的环境和社会性能与传统或竞争性的产品相比有了显著的改善和提高，它包括产品或其零件的维修、回收、再利用和再制造。绿色产品被视为比其他传统产品更安全、更健康、更良性的产品。

6. 绿色价格

在消费者购买绿色产品或服务时，价格是影响其购买决策的重要因素之一。绿色定价可以定义为给绿色产品设定价格，以抵消消费者对价格的敏感度，增强他们愿意为产品的环境性能支付更多费用的意愿。消费者愿意为绿色产品支付溢价，但感知的利益和产品类别也会影响消费者的支付意愿。

7. 绿色 3R

减少、再利用、再循环（3R）概念被认为是实现工业制造过程的长期可持续性的重要组成部分，它通过尽可能减少自然资源的消耗和环境压力，给企业带来不同的机会。目前废物已被确认为可以回收利用的资源，这与工业制造过程中所遵循的绿色战略直接相关，尤其是在废物处理和回收方面。所有企业及其利益相关者，甚至是环保意识强烈的消费者，都要求采用适当的废物管理流程。废物管理循环流程起着至关重要的作用，它通过再利用、再循环和减少系统废物，支持助力绿色回收的过程。

8. 绿色会计

环境会计、环境支持会计和绿色会计在可持续发展领域是同一概念，或者是一个共同关注的主题。绿色会计是估量某个特定的经济主体的活动对环境影响的会计，在可持续发展中发挥着重要的作用。在全球范围内，财务专业人员对环境的兴趣越来越大，他们通过考虑环境和经济措施支持环境、管理、会计和财务的整合。用会计计量反映和控制社会环境资源，改善社会的环境与资源问题，实现经济效益、生态效益和社会效益的同步最优化是绿色会计的主要目标。绿色会计制度不同于传统会计制度，因为它直接与自愿或监管计划挂钩。在早期阶段，行业和中小企业在其财务报告中都忽略了环境问题。基于对环境宏观管理的要求，企业目前在进行生产经营和取得经济效益的同时，必须高度重视生态环境和物质循环规律，合理开发和利用自然资源，坚持可持续发展战略，尽量提高环境效益和社会效益。

10.5　客户流程管理(CPM)

10.5.1　CPM 是 BPM 的最后一公里

新兴技术使企业能够创造新的产品、服务和商业模式，更重要的是客户可以获得比以前更多的信息，可以方便地比较产品和服务的选项，并确定自己希望如何与企业互动。客户对产品功能及与企业的互动有很高的期望，这就是为什么企业不仅要满足客户需求，还要超越客户需求。因此，以客户为中心已成为许多企业的成功因素，即客户必须处于企业所有活动的中心，包括业务流程。传统实施的 BPM 意味着识别、评估和改进这些跨越竖井的业务流程，并强调以流程而不是以层级为导向的思维方式和结果，可以被视为将客户需求转化为实际商品和服务的方式。理论上，任何流程重新设计工作都应以客户需求为出发点，即使是专注于改进内部业务流程计划，通常也需要从为客户提供价值的目标开始。

尽管 BPM 对客户声音的重要性已经达成了共识，并且一致认为为客户创造价值是其最终目标，但在实践中，BPM 的实施仍然采用由内而外的方法和观点。这种方法导致 BPM 关注的重点是企业内部流程，有时也包括来自客户的外部因素的内部流程，这种由内而外的方法致力于企业内部流程的效率提升、浪费的消除、产品缺陷的减少、流程瓶颈的消除，通常很容易忽视企业战略意图和客户价值创造。另外，企业虽然声称对流程采取以客户为中心的观点，但实际上客户很少也很难参与业务流程的分析或设计过程。更进一步说，客户在使用特定企业的业务流程之前的流程体验通常不会被捕获到。例如，客户问题处理流程是客户购买和使用产品后流程的一部分，而客户寻找售后渠道的过程并没有体现在企业的流程中。

BPM在实践中很少考虑客户的过程，这是非常令人惊讶的事情。以客户为导向被视为企业长期成功的最基本要求之一，为了增加企业提供产品和服务的价值，了解客户价值的来源和方式很重要。所以，企业需要建立一个基于过程的客户管理流程，该过程反映客户当前和未来的需求，是关于客户的流程，也就是基于客户导向的流程。

有鉴于此，BPM需要把由内而外的主导视角转变为由外而内的客户视角。企业在重新设计业务流程时，应该关注客户的诉求和体验，而不是仅仅从效率的角度看待业务流程。著名流程管理学者迈克尔·罗斯曼呼吁把客户流程管理（CPM：Customer Process Management）作为新的BPM发展方向。CPM作为传统开发性BPM的补充，有助于企业形成开发和探索共存的二元BPM模式。罗斯曼在一次采访中提到，CPM与传统的以企业为中心、以问题为中心的BPM的观点相反，CPM以客户为中心、以机会为中心，他建议将CPM作为BPM的扩展版本进行更多的研究和开发，以实现更加充分的以客户为中心的组织。CPM的核心内容强调了评估客户优先级和与客户互动的重要性，将客户导向确定为BPM的核心价值之一，实现了BPM管理的最后一公里。本书前面章节提到的二元BPM，其中探索性流程采用由外而内的BPM方法首先就是要考虑客户的需求，这和CPM的本质要求是一致的。

10.5.2　CPM 生命周期的价值链

CPM 的方法固有地包含了对最终客户价值创造的关注，它最终建立在客户的全生命周期的价值链上，即所有客户流程都是直接或间接地源自客户生命周期的价值链。例如，前面提到的例子，客户购买和使用产品后的流程全生命周期不仅包括客户问题处理流程，还应该包括问题处理之前客户寻找售后渠道的流程以及问题解决完成之后的客户体验流程。

CPM 旨在通过以客户为中心的业务流程，提高企业满足和超越客户需求的能力，从而提高客户满意度、忠诚度，最终实现企业的成功。有一种见解对 CPM 做出了最好的解释："这不是关于客户如何参与我们的业务流程，而是关于我们如何参与客户的流程。"CPM 是 BPM 中由外而内观点的最终形式。为了通过 BPM 实现以客户为中心，企业应该深入了解客户的流程和流程改进，不仅要了解与客户的互动，还要了解客户的全生命周期流程。在这种流程中，企业通过将客户的流程整合至内部流程改进范围扩展这些工作，在客户层面，建立以设计为主导的 CPM 将允许根据客户的期望体验定制流程，它将超越单个供应商的范围。

CPM 需要一种思维转变，以客户为中心的业务流程意味着流程在客户联系组织之前就已经开始，并由客户经历的事件触发。客户售后服务流程的一个例子是当汽车服务商发现汽车发生事故时，服务提供商会给司机打电话。如果司机没有反应，服务提供商可能考虑派救护车。同样，医疗保健解决方案现在能够感知个人健康数据，并在需要时触发行动。物联网和社交媒体的出现强化了客户流程中触发事件的作用。BPM 的主要焦点是活动及其考虑时间和质量要求的经济高效的活动编排，事件作为体系结构和模型的一部分发挥了作用，但在与 BPM 相关的业务对话中，事件通常不是优先的。然而，在客户流程的世界中，流程检测可能相关的事件用以判断流程执行延迟的影响因素，并分析其相关性和创建新的流程实例，在这个流程监控和优化的过程中，流程事件发挥了关键的作用，它已经升级为流程管理要素的优先者。

设计和支持的客户流程越多，就有越多的企业将看到业务流程从其外部利益相关者参与的模式转变为客户流程无缝参与的模式。为了融入客户流程管理的理念，企业需要开发更强大的设计能力，包括同理心、综合思维、乐观主义、实验主义和协作。CPM有助于识别现有流程中经常隐藏的客户期望，并为在企业参与之前就开始的流程体验开辟全新的视角。

第 11 章

当科学遇上艺术,数字化客户流程

11.1 客户与服务

11.1.1 服务流程

谈到客户,我们不得不说服务。为应对竞争,制造企业已开始开发和扩展服务,以提供具有新竞争优势的业务。制造企业提供服务的想法并不新鲜,但提供营利性服务在流程制造业中并不常见。受限于在供应链中的有限作用,构建和开发增值服务给制造企业提出了挑战。

制造企业在其产品中添加服务的这种现象通常被称为服务化,通过服务化,制造企业旨在锁定竞争对手和客户,并提高差异化水平。服务化也是制造企业创造额外客户价值和打击商品化的少数战略之一。研究表明,制造企业可以通过成功地将服务引入产品获得财务、战略和营销效益。服务化是一个以产品为导向的企业在其产品中增加服务比例的过程,是通过向产品添加服务并由此创造价值的过程。企业沿着从产品到服务的过渡路径连续体,将更多的服务纳入其产品,服务的相关性增加,纯产品的重要性降低,这个过程升级了产品价值并加强了客户关系。产品和服务方面的定制和集成组合,通常被企业称为解决方案。从客户角度出发,解决方案被视为一组客户和供应商的关系流程。解决方案更难被竞争对手模仿，并为企业差异化提供了新的依据。那些试图从制造商转变为解决方案提供商的企业战略转型显得更加重要，也更加困难，因为这是两种不同的竞争能力。

企业可以基于现有的资源和能力创造竞争优势，然而，并非所有能力都需要在内部开发。制造企业开发所需要能力有三种选择：内部、外部或内外部混合，即利用合作伙伴填补能力缺口是可取的。制造企业传统上在工厂内设计和开发产品，与客户的沟通仅在销售阶段开始。然而，在服务环境中，企业需要采取以客户为导向的态度，这包括倾听客户并与他们沟通，以了解他们的需求，所以服务连接了销售、生产和运营不同的业务领域。

服务化需要组织变革、行为变革以及管理理念的变革。早期研究认为，采用服务化的传统制造企业面临与服务设计、组织战略和组织转型相关的各种挑战，关键的一个原因是缺乏提供服务的合格资源，特别是人员。不同的思维模式和差异化的业务模式也是服务转型实施失败的主要原因之一。服务与产品的业务模式存在根本的不同。第一个区别是服务的无形性，服务是过程，而不是商品，这使得服务难以被理解、解释和衡量，只能通过客户评价体现其价值。第二，服务依赖于服务提供商和客户之间的交互。事实上，服务是由客户和服务提供商共同创建的，因此，客户的行为会对服务本身产生重要影响。当一个以产品为导向的企业决定开发服务时，它应该对服务采取整体的方法，并让整个组织参与到转型过程中。企业需要了解服务业务的基本逻辑，以及它与传统业务的区别。在数字化创新环境下，制造服务一体化已经成为趋势和竞争力。

在产品和服务定制的舞台中，企业必须了解客户在做什么以及如何做，也就是说，企业不仅要深刻理解企业内部的流程，还要深刻理解客户的流程，以及这些流程之间的联系方式，这种以客户为导向的管理方式更为棘手，因为企业必须不断了解他们的客户到底是谁、客户的活动是什么以及客户需要什么。

尽管绝大部分实施 BPM 的企业在组织内部设立了流程负责人和负责特定客户关系的大客户经理，但很明显，在 CPM 全生命周期的过程中缺失了客户流程负责人。客户流程负责人不仅需要确定客户的需求，而且还要负责调整优化所提供的服务流程，并使其以最佳的方式适应客户的流程。如果客户在某个问题上需要帮助，则客户流程负责人是单一联系人，负责在内部解决问题并提供一致的流程更新。客户流程负责人还负责从开始到结束在客户生命周期中及时、准确、透明和可持续地解决客户问题。然而，要做到这一点，客户流程负责人必须深入了解客户的业务流程，从而调整内部流程，甚至诱使客户调整其流程。为了获得客户流程和服务这方面的知识，企业可以开展一项服务蓝图绘制工作。服务蓝图是从客户的角度同时描述服务流程、客户接触点和服务交付证据的工具。当前的实施通常只从一个角度看待客户，即客户的需求，而忽视了与客户的互动以及客户的生命周期，创建服务蓝图有助于对这些互动进行概述，因为它从全面分析客户对所需服务的感知开始。

服务蓝图有五个组成部分（如图 11-1 所示）。第一个组成部分客户行为，包括客户采取的与服务交付流程相关的所有行动。由于这些行为是蓝图的核心，因此它们与第二个组成部分有形实物一起按时间顺序在蓝图顶部进行描述，后者包含客户接触到的所有可能影响其质量感知的有形物品。第三个组成部分前台/可见员工行为，通过交互线与客户行为分离。客户与服务提供商之间的每次交互都意味着这条交互线被跨越，并发生了一个关键时刻。第四个组成部分后台/隐形员工行为，通过可视分界线将后台/隐形员工行为与前台活动分开，超过可视线，所有服务提供商活动都会被描述为客户看不见的。最后，通过内部交互线将第五个组成部分支持流程与后台/隐形员工行为分开。

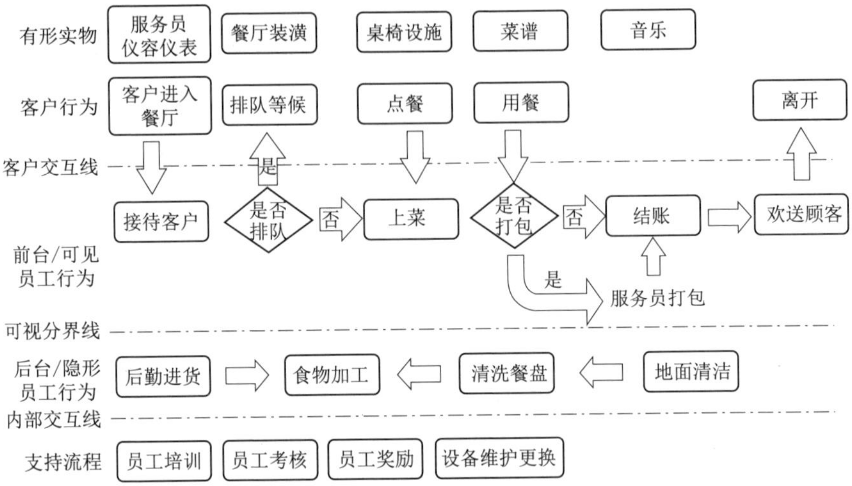

图 11-1　KFC 服务蓝图及组件

11.1.2　客户流程

1. 服务流程对比客户流程

从以产品为主导的逻辑到以服务为主导的逻辑的转变是将营销的重点从企业的内部流程转变为企业与客户之间的互动。但是，企业如果只关注互动，将无法考虑其在客户生活中的角色。因此，营销部门开始考虑客户主导的逻辑，将其作为深入理解客户体验的下一步，这意味着营销的最终结果不应该是服务，而应该是客户体验和由此产生的使用价值。因此，这种转变的核心问题是企业如何支持客户的持续活动和客户体验。

在应用以客户为主导的逻辑而不是以服务为主导的逻辑时，企业发现了未开发的机会。在这里，以客户为主导的营销逻辑指的是将客户置于中心的观点，而不是服务提供商或制造商，这种方法不同于传统的以客户为导向的观念，它改变了传统的观点：重点应该放在客户如何利用服务实现自己的目标上，而不是关注企业要做什么以创造客户更喜欢的服务，两者之间的区别微妙但又是很重要的。以客户逻辑为基础的方法将使企业能够在深入了解客户活动、实践、经验和背景的基础上建立业务，然后将这些见解转化为企业参与和支持客户流程的具体方式，企业可以基于这种洞察力开发和设计服务产品。客户主导的逻辑不在于实物、服务和解决方案等产品本身，关键是与产品和服务相关的客户的生活和过程。因此，客户视角应该是客户主导的逻辑的基础。

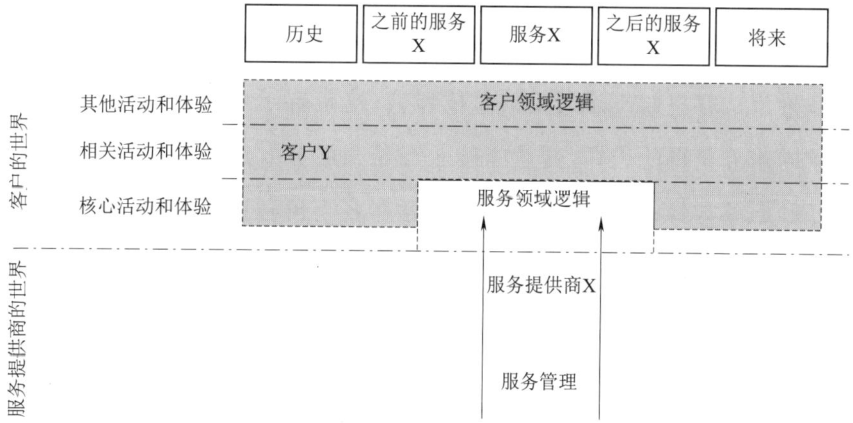

图 11-2　客户定位逻辑的服务管理 VS 服务定位逻辑的服务管理

来源:《服务管理》,2010

图 11-2 示意性地描绘了服务提供商的世界与客户的世界，顶部是相对于服务提供商世界的时间线，以客户的体验、活动和服务使用为基础，这通过以下方框进行说明：历史、之前的服务 X、服务 X、之后的服务 X 和将来。理论上，服务 X 通过设计服务蓝图、识别和开发服务体验以及测量服务质量和感知服务价值开展。从服务提供商的角度来看，客户对企业活动和资源的参与及使用代表着服务 X，当使用服务 X 时，就会产生服务体验和体验价值。在当前的服务主导逻辑讨论中，该视角已经扩展为包括客户与企

业交互和共同创建服务的过程。因此，服务行为被视为交易中的核心交换单位。但是，从客户的角度来看，背景可能会有所不同，如阴影区域所示，包括客户的核心活动和体验、相关活动和体验，以及其他有影响的活动和体验。因此，服务提供商应该关注的不仅仅是服务行为，而是客户的意图以及由此产生的活动和体验。换句话说，服务提供商应该了解客户正在做什么或试图做什么，以及特定服务如何融入其中。

客户流程是客户为实现特定目标而执行的一系列活动。企业不应错误地认为内部流程改进和自动化本身会带来客户眼中的改进。虽然BPM应该从评估关键客户的优先级开始，但常常忽视这样一个事实，即感知价值是客户对产品效用的总体评估，这是基于对所收到的产品和被给予的服务获得的感知，这意味着对产品和服务效用的评估不应仅基于产品和服务本身的特征，还应基于两者在客户流程中的作用。从现有的产品或服务概念转向以客户流程为导向的思维，增加了为客户寻找新的创新解决方案的自由度。

流程效率是业务流程一直追求的目标。企业中业务流程效率低下也可能出现在客户的流程中，而不是内部流程或与客户的互动中。只有将优化范围扩大到包括客户的流程，才能解决这些低效率问题。此外，只关注客户想要的东西是不够的，没有过程洞察力，就无法完全理解客户真正需要的东西。即使客户的流程没有改变，企业对客户流程的深刻理解也能更好地考虑客户及其潜在行为。正如我们所说，BPM旨在改进和管理组织流程，以便为客户提供最大价值。尽管客户很重要，但大多数流程改进工作和技术都没有充分考虑客户或整合客户期望。关注客户的流程和问题，在某些情况下共同致力于解决这些问题，虽然会增加制造企业的风险，但作为服务提供商，有可能得到长期回报。

服务过程从了解客户的需求、业务和流程开始。通常，服务已经在供应链的某些部分提供，要么由中间商提供，要么由客户自己提供。制造企业应将注意力从产品功能转移到服务上，并找到除技术创新外的其他增值方式。为了能够识别服务机会并发展有利可图的服务业务，企业还应将重点从自己的实践转移到客户的流程上。在了解客户流程后，企业可以通过进一步将其流程与客户流程整合以追求附加值，例如，接管客户流程的某些特定部分，这可以通过技术应用集成、业务流程集成或两者的结合实现。由于客户的流程和业务流程不完全相同，企业也需要探索向哪个客户群体提供哪些服务。

客户流程的定义涵盖了从短期、简单和习惯性（例如，杂货店购物）到长期、复杂（例如，购买房地产）的各种过程。对客户流程的效果，即客户体验和满意度的影响因素可以从如下几个方面考虑，这些方面可以作为客户流程和系统设计的考虑因素：

（1）时间，例如流程执行的紧迫性；

（2）位置，例如客户是在家里还是在路上执行其流程；

（3）过程目标，例如购买住房还是快速消费品；

（4）执行流程的人员，例如他们的年龄和参与程度；

（5）利用资源，例如选择与企业互动的零售渠道；

（6）客户的社交环境，例如其他客户的推荐；

（7）购买的产品/服务，例如这些产品/服务是高价还是高风险的；

（8）流程本身。

2. 共同创造对比参与客户

客户主导逻辑包括理解不同活动、实践、经验和环境在客户业务或生活中的作用。术语共同制作和共同创造表示面向提供商的观点，即关注特定产品或服务，而不是该产品为客户扮演的角色。对比专注于让客户参与共同创造，提供商更应该专注于让自己参与客户的业务或生活，这意味着从提供者主导的逻辑转变为客户主导的逻辑。客户在一次互动、使用场合甚至关系中的记忆和体验会影响客户对下一项服务的感知和使用价值。价值总是由受益人决定的，企业作为提供商可以扮演价值促进者的角色，可以潜在地影响客户。客户为自己创造价值，但在互动过程中，企业有机会改变价值创造过程，例如，让客户从服务或商品中获得更多价值。企业可以控制自己的价值创造和共同创造，但控制不了客户自己的价值创造，所以体验不仅由提供商控制的要素创造，也由服务上控制之外的要素创造。

3. 交换价值对比使用价值

与交换价值相比，使用价值被视为价值产生而非交付的过程。使用价值意味着价值创造不仅仅与交付服务的互动过程相关联，提供商只涉及使客户能够为自己创造价值所需的资源或手段。在服务的互动过程中，客户和服务提供商共同提供服务，这个过程生产和消费同时发生。因此，在这一互动过程中，客户能够感知服务创造或产生的价值。但实际的情况是，使用价值不仅与服务互动流程相关，而且还超越了服务互动流程。例如，当考虑度假旅行时，在旅行前客户价值可能产生负面影响，价值是在假期期间创造的，但在假期后也会在记忆方面创造，这意味着价值的产生超出了企业的可视性。因此，企业的作用是理解嵌入在客户实践和环境中的客户价值创造流程，这里的重点是了解并尝试利用客户的活动创造价值，就像例子描述的那样，使用价值不仅代表行为活动，还包括心理活动。

4. 特殊时刻与日常生活

客户体验是客户对直接或间接接触企业产品和服务的主观反应，通常认为企业或多或少可以控制客户的体验，因为这体现了服务设计的计划过程和预期结果。例如，品牌体验被定义为消费者的主观反应和品牌刺激引起的相关行为反应，这些刺激是品牌设计、标识、包装和通信的一部分。采用更广泛的范围，客户体验还可以包括关系视角，它通过客户与企业之间的所有联系点的组合产生，这个范围将出现在客户的工作和日常生活中。

客户主导逻辑与提供商主导逻辑的区别参见表 11-1。

表 11-1　摆脱提供者主导的服务逻辑

	提供商主导逻辑	客户主导逻辑
共创		
■ 参　与 ■ 控　制	• 客户在共创过程中参与 • 公司控制共创的过程	• 公司参与客户的所有行为 • 客户控制价值的产生
使用价值		
■ 可见度	• 聚焦于可见的互动	• 还考虑了无形的和精神的行为
客户体验		
■ 发生地 ■ 特　征	• 服务中形成 • 非同寻常和特殊的	• 出现在顾客的生活中 • 日常行为

来源:《服务管理》,2010

11.2　客户流程创新

11.2.1　客户知识

从基于资源的观点来看,流程创新为组织提供了一种不易模仿的隐藏竞争优势,特别是与内部和外部资源相结合的流程创新产生的卓越结果,因为这种创新所基于的内外混合知识是排他性的,其中客户一直被视为创新过程中最重要的外部知识来源。因此,企业可以将客户知识和流程创新结合起来作为一种战略资源,从而增加竞争对手的进入壁垒,保护企业的市场优势。客户杠杆率就是这样的指标,它反映了企业在开发新产品和服务时从客户处获取和使用其知识的能力。

研究表明，制造企业的客户杠杆率能力与其流程创新和绩效之间存在着强烈的正相关关系，流程创新在吸收和转化客户知识方面起着关键的中介作用。在一个更具活力的市场中，客户杠杆率加强了对流程创新的积极影响。在当前激烈的竞争商业环境中，缩短的产品生命周期和快速变化的客户要求促成了企业对创新性和响应性的需求。企业越来越依赖更好的知识来源，以提高其运营绩效，从而维持其竞争力。许多企业的目标是通过联合开发新产品，改善供应链流程，从而提高成本和财务效益，这些企业的开发人员基于获得的客户体验、感知、需求、期望和偏好等客户知识的有效利用最终提高团队的创新绩效。

客户知识获取使企业有机会改进其流程，并将现有的内部知识转化为新知识。因此，新获得的知识有助于最大限度提高现有知识存量，最大限度减少不确定性。利用客户知识的企业更有可能根据相应的客户修改自己的内部流程，实现流程创新。流程创新是加强关系的一种可能手段，客户和企业之间共同创造的知识能够重新配置现有流程，以快速响应不可预测和动荡的市场。当需求不可预测且客户和技术因素频繁变化时，感知和累积的客户知识对流程创新的影响可能发生显著变化，它会成为增加创新流程和提高企业适应新市场能力的有效来源，是创新战略的来源。

11.2.2 客户数据

既然客户杠杆率反映了企业在开发新产品和服务时从客户处获取和使用其知识的能力，并与流程创新和企业绩效之间存在强烈的关联。那如何从客户处获取知识呢？数字化时代客户相关数据的激增为企业提供了大量创造客户知识的机会，数据以多种方式生成有用的信息，通过使用与流程相关的数据创造更多的使用价值。例如，基于智能穿戴的健身跟踪服务记录日常生活数据、行为数据和生物信号，以帮助客户实现特定的健身相关结果；高尔夫培训服务使用高尔夫练习数据帮助客户改善姿势和挥杆角度等。

信息是价值共同创造的关键资源之一。随着对客户有用知识的开发和反馈信息的适当提供，价值的共同创造可以得到改善。另外，环境信息对于价值共同创造理论至关重要，因为它影响并反映了客户体验。上下文中的信息也反映了关注客户流程的重要性，客户通过流程将资源整合到独特的上下文流程中。随着传感技术的发展，许多企业越来越多地记录与客户过程相关的数据，这些数据反映了客户的真实行为、环境和客户流程的上下文信息。

客户流程是客户为实现特定目标而执行的一系列活动，客户价值是基于客户和提供商流程之间的持续互动而共同创造的。CPM 有助于利用数据推进服务，提供商利用客户相关数据实施这种数据驱动的价值共同创造机制。客户服务被归类为信息密集型服务，其中客户价值主要通过信息交互而非客户和提供商之间的物理与人际交互创造。CPM 通常会分析与客户相关的数据，以确定客户的行为，为企业提供价值多样化和新市场识别的多种机会，并为客户设计新的信息内容和服务。简言之，与客户相关的数据可以促进企业与客户之间的互利关系。

11.3　客户互动与体验

11.3.1　客户旅程与客户体验

客户体验是客户对直接或间接接触企业产品、服务及其相关各个方面的主观解释，是客户管理流程的主要衡量指标。实践中服务设计工具有很多，例如，服务蓝图、人物角色、用例、故事板等，它们都可以用来表示和评估客户体验。客户体验包括客户在购买前阶段（决策过程）、购买阶段、使用阶段和使用后阶段产生的产品和服务体验。成功的客户体验可以被描述为：随着时间的推移，客户发现独特、难忘和可持续的体验。客户体验强调提供感官、情感、认知、行为和关系价值，它将在一定程度上取代功能价值。学者和从业者越来越意识到需要以情感客户体验的形式为客户创造价值。

客户体验的独特性可以带来差异化和竞争优势。创造和提供客户体验对于增强与客户的关系和建立客户忠诚度至关重要，并因此为企业提供经济价值。仅仅在产品质量、服务质量和价格等传统要素上进行差异化已不再是一种充分的商业战略，企业必须找到新的方式实现竞争优势，特别是通过关注和管理客户体验。客户体验可以是对产品质量、价格和交付时间等理性因素的体验，也可以是情绪、感觉等主观因素的情感体验。企业在对消费者市场和企业市场的客户体验管理中，情感的力量都得到了强调。情感因素非常重要，尤其是当产品和服务的功能效益难以评估时。消费者行为研究人员告诉我们，经济决策70％是情绪化的，30％是理性的。

客户旅程是最近出现的一种设计和评估服务设计的客户体验方法，许多企业一直在使用这种方法以发现现有服务中的问题或寻找改进的机会。与现有方法相比，客户旅程涉及客户体验的所有方面。客户旅程可视化了客户与任何产品和服务组合之间的所有可能接触点。客户接触点是客户在购买过程中和购买后与组织及其产品互动的关键时刻，更广泛的意义上可将客户接触点定义为与产品或服务本身或与企业接触的时刻。客户的态度和感受也在每个接触点进行了说明，并同时考虑了身体和情感方面的旅程。客户旅程可以评估和改进客户体验及客户流程，有助于编纂当前体验，并设计新的客户体验，以确定发展重点，它还用于用户体验设计领域，从用户角度分析和理解用户体验。

客户旅程通过对所有接触点和相互依赖性采取更广泛的观点确保成功的持续客户关系，并强调客户体验改进的优先顺序：分析哪些接触点对客户行为和忠诚度产生最大的正面和负面影响至关重要，然后将投资重新分配到这几个关键接触点。研究表明，让客户成为其体验的共同创造者非常重要，客户应该参与所有接触点的具体化和他们想要的可视化体验，包括直接接触点和间接接触点。例如，口碑、广告和其他沟通，客户对企业及其产品的总体体验是所有直接接触点和间接接触点的综合。

11.3.2　客户互动与客户关系

客户和企业本身都是资源集成商，它们通过联合、互动、协作参与价值的共同创造。企业价值创造和价值提取的核心在于网络化、授权和与活跃客户之间的互动。所有利益相关者之间的合作不仅可以创造价值，还可以以更双赢的方式为所有参与者（员工、客户、供应商）拓展和扩大价值。共同创造是通过与客户、员工、经理和其他利益相关者的持续合作开发产品和服务实践的过程，该过程意味着所有利益相关者之间通过参与进行合作，最近也被定义为共同创造范式，这种价值创造过程的新观点意味着从基于资源的组织观点转变为基于共同创造的观点。在这种观点中，资源在多个利益相关者之间共享，从资源分配到资源杠杆，包括企业资源和客户资源，以创建一个扩展的企业。在与客户互动的过程中，有研究发现存在六种互动能力，这六种互动能力分别为个性化交互能力、关系互动能力、道德互动能力、授权交互能力、发展性互动能力和协同交互能力，旨在推动客户的满意度和极致的体验。个性化交互能力表达了企业理解资源整合过程和客户期望结果的能力；关系互动能力反映了建立与客户的社会联系和情感联系的能力；企业以公平和非机会主义的方式对待客户的能力被称为道德互动能力；授权交互能力反映了企业可以支撑塑造客户交换性质和交换内容的能力；发展性互动能力包括协助客户发展知识的能力；最后，协同交互能力描述了促进与客户协调和集成服务流程的能力。这些互动能力已被证明在 CPM 设计和优化中起到积极作用，并可以进一步推动客户满意度。

客户关系管理（CRM）是一种业务流程，它为如何开发和维护客户关系提供了结构性的指导。越来越多的企业将客户关系管理视为战略性的、可以为买方和卖方创造价值以及实现卓越财务绩效的方法。客户关系管理流程分为两个部分，战略流程（管理层在其中建立并从战略上管理流程）和实施运营流程。战略流程由首席执行官和管理团队领导，管理团队由典型业务职能部门的高管组成，例如，营销、销售、财务、生产、采购、物流和研发，该团队把关键客户作为企业业务使命一部分的目标客户群体，负责确定哪些客户是企业现在和未来成功的关键，并就如何发展和维护与客户的关系做出决策；在运营层面，营销部门通常负责创建、维护和加强企业对客户的关系。每个关键客户和每个细分市场都将有一个客户团队，目标是根据客户随时间推移的价值对其进行细分，并通过提供定制产品和服务提高客户忠诚度。业界关于客户关系管理的主要观点如下：

（1）客户关系管理是一个过程。客户关系管理是一个宏观过程，它涵盖了追求长期、盈利和互利客户关系的所有活动；从狭义的角度来看，这是一个仅限于管理客户互动以建立和维护持久有价值关系的过程。

（2）客户关系管理是一种战略。企业应根据客户的终身价值，设计并优先考虑关系建立和维护方面的资源投资。

（3）客户关系管理是一种理念。客户忠诚度和盈利能力要求持续了解客户不断变化的需求，以实现最佳价值交付。

（4）客户关系管理是一种能力。这种能力能收集当前和潜在客户的知识并据此采取行动，和提供潜在的、额外的竞争优势有关，例如，通过主动采取举措重塑客户互动。

(5)客户关系管理是一种技术。这种技术在管理知识和交互、连接前台和后台功能业务中发挥着不可替代的作用。

事实上，随着社交媒体的引入，大数据分析和客户关系管理之间的联系不断发展并加强，这使得半结构化和非结构化数据的收集变得更容易，从而对潜在客户和当前客户形成持续洞察，这称为社交客户关系管理，也称为 CRM 2.0。社交 CRM 意味着可以通过不同的在线渠道与客户进行双向动态互动。社交 CRM 可以从大数据分析中获益，它可以基于客户数据、客户个人资料、与之相关的社会特征以及客户参与活动信息，从与客户的互动过程中获得业务的创新见解。例如，商业建议、客户互动的自动分类和路由、客户趋势和集群的预测模型、客户组合监控等。

11.4　客户流程启发式设计

11.4.1　客户流程启发式设计

一般来说，企业认为能够并且确实捕捉到客户当前的声音，即客户当前的满意度。基于这一认识，企业考虑并重新设计其业务流程，以实现客户满意度，这样的过程隐含且经常错误地认为企业对客户如何在其自身流程中使用企业产品或服务以及企业流程如何与客户流程交互有很好的了解。企业为了能够以最佳方式为客户服务，需要正确理解这些流程。组织在业务关系中的重点应该是与客户的业务流程接轨。企业应该更进一步，不仅关注自身内部和面向客户的流程，而且还应该识别和分析客户流程，甚至有些情况下，企业还可鼓励客户在适当情况下根据现有解决方案调整其流程。

企业产品和服务的价值只有在客户价值创造过程中加以使用时才会显现。如果企业的产品能够帮助客户更有效地实现其流程目标，则会为客户增加价值。因此，企业努力提供的产品和服务在使用时会以对客户有利的方式影响客户的流程，开发这种以客户流程为中心的产品和服务的前提是将客户流程洞察作为起点。

用于客户流程改进和创新的常用工具是启发式方法。一般来说，启发法帮助流程分析师创造新的想法，是促进探索解决方案空间的认知捷径。流程设计启发法有助于在重新设计现有业务流程或设计新业务流程时创造新的想法，也特别适用交互密集型核心流程的设计，例如，制造企业的服务流程或售前/售后流程，因为在这些流程中，客户充当了流程参与者或价值共同创造者。启发法主要关注业务流程中嵌入的客户和企业互动所产生的客户满意度，而不是产品功能所产生的客户满意度。由于为客户创造价值和与客户一起创造价值涉及客户与企业之间的互动，因此嵌入这种互动的核心流程设计对于创造卓越的客户满意度至关重要，下面列举几种客户流程启发式设计的原则。

1. 使客户能够形成互动

渠道灵活性。简言之是让客户通过他们喜欢的渠道与企业互动。企业设计的业务流程的每个接触点都应该有助于提供一致的端到端全渠道体验，即应支持与客户互动的多个渠道，并实现无缝渠道切换。无缝渠道切换意味着在一个渠道上启动的过程可以在其他渠道上继续，而不会产生摩擦或信息丢失。

位置灵活性。简言之是让客户随时随地与企业互动，描述企业不应将与客户的互动限制在不同的物理位置。相反，业务流程的设计应该使客户能够自行决定在何处进行交互，而不管组织的办公室或分支机构位于何处。例如共享单车，它与其他服务商不同的是，自行车不仅可以在特定的站点租用和归还，还可以在所谓的弹性区域租用和归还。

时间灵活性。简言之是让客户随时与企业互动，描述企业应该分析客户希望在什么时候联系，并相应地调整其业务流程。从客户的角度来看，这种启发式的实施将被视为在客户需要时与企业互动的可能性，例如，24小时健身房。

客户自助服务。简言之是为客户提供自助服务的可能性，描述企业应为客户提供执行流程中包含的任务的可能性。以前由员工执行的业务流程，当实施这种启发式时，企业应该考虑客户是否可以在自助服务和传统流程之间进行选择。例如，宜家为其客户提供了在自助结账时自行扫描和支付产品的可能性，使用自助结账服务给许多客户带来了乐趣，减少了客户的等待时间。

隐私存在。简言之是为客户在隐私设置中提供进行选择的可能性，描述企业应通过证明他们关心隐私以解决客户的隐私问题，例如，披露隐私政策或使隐私政策超出法律要求时定制需求的满足。

2. 促进与客户的协调和集成过程

首次接触问题的解决。简言之是确保客户只需联系企业一次即可解决问题，描述企业应确保解决客户问题所需的所有信息都是在业务流程的第一次遇到时收集的，这减少了双方的交互工作，并支持快速、全面地确定解决方案。这种启发式方法可以通过减少业务流程中的循环数量和主动分配最合适的员工或基于IT的接触点实现，例如聊天机器人。

知情联系人。简言之是确保在联系点了解相关客户数据，描述企业应确保相关客户数据在业务流程中的联系人处可用，这不一定是通过始终将同一员工分配给客户或查询实现的，而是在需要时授予员工或基于IT的接触点访问客户数据的权限。例如，顺丰的呼叫中心，与客户电话号码相关的有关数据都会自动显示给接听电话的代理。因此，客户不必重复他们的合同和历史订单，而只需陈述他们当前的问题。

一致的品牌体验。简言之是确保互动在客户眼中具有统一且可识别的外观和感觉，描述企业应在业务流程中嵌入客户与企业的互动创造统一且可识别的体验。流程设计应在所有渠道和接触点上保持一致，并遵循相同的顺序，除非另有原因，这种启发还包括与文档、员工和无形资产相关的一致经验。例如，华为努力为客户提供统一的产品、商店和员工体验。

客户流程集成。简言之是联系客户流程的先前和后续步骤，描述企业应致力于了解客户的个人流程，即他们端到端的日常工作，并超越他们自己的角色，以便更好地将企业的业务流程集成到客户的流程中。要做到这一点，企业需要在不限制客户自主和自由选择的情况下，与客户流程的先前或后续步骤联系起来。例如，支付宝建立一个商业生态系统，涉及所有关键的日常生活业务。

客户友好型控制流程。简言之是从客户的角度提高互动的效率，描述企业设计的业务流程应该减少客户的交互工作，这可以通过实施注重流程效率的重新设计启发式实现。因此，这些启发式方法的最初重点必须与客户的效率目标保持一致。例如，迪斯尼允许在线购票的客户通过特殊队列更快地进入。

客户支持。简言之是在整个互动过程中帮助和指导客户，描述企业应在整个流程中为客户提供支持和指导，特别是在新流程或复杂流程的情况下。客户支持还包括教育部分，即企业帮助客户建立与企业流程和产品相关的知识，可以在流程执行之前和期间提供支持。例如，有些企业的客户可以免费访问在线教程和详细说明。

3. 加强与客户的社交和情感联系

顾客兴奋。简言之是通过超出附加组件或修改期望激励客户，描述企业应该通过增加新的或修改现有的流程步骤超越客户的期望，这种兴奋不必与企业的服务或产品直接挂钩，相反，它可以嵌入业务流程中，也可以与产品和服务间接相关，最重要的是，客户肯定会感到惊讶。例如，在餐馆发布评论，客户就可以免费获得两道菜品。

个性化交互。简言之是根据客户的偏好个性化与之互动，描述企业应该根据客户的偏好和环境对业务流程进行个性化设置。这种启发式是指接触点频率的个性化，即企业多久与客户及其关注的内容联系一次，呈现哪些内容以及如何呈现；这种启发甚至可以使企业在客户明确需求或问题之前主动与客户取得联系，可以通过询问客户、观察客户或分析自有或非自有渠道中的当前行为收集客户偏好。例如，新闻精准推送，精准营销等。

顾客反馈。简言之是为客户提供反馈的机会，描述企业应该扩展其业务流程，使客户能够在流程执行期间和之后提供有关其体验的反馈。在实施时，企业应该确保客户能够方便地提供反馈，并让客户了解他们的反馈是如何被纳入的。

客户群体。简言之是使客户能够相互交流，描述企业应该使客户能够相互交流，而不是只与企业互动，这不仅适用于处理客户问题和询问的业务流程，而且还可以作为新业务模型的基础。客户之间的互动可以通过建立在线平台、在企业网站上实现相关功能或组织客户活动实现。例如，小米社区为客户提供了一个平台，让米粉们彼此分享信息并讨论问题。

11.4.2　客户流程设计

CPM 可以用作连接营销和运营的桥梁，以实现有效的服务管理。服务过程中的价值共同创造需要综合考虑作为提供商的企业和客户两个主体。

传统上，前者提供商主要是在运营管理领域的实践，而后者客户主要是在营销领域的实践，尽管高成本的服务行业很难整合这两个领域，但它们之间的连通性在实践中是至关重要的。如图 11-3 所示的 CPM 框架展示了客户和提供商的流程基于数据共同创造价值的协调机制，为面向客户流程的运营提供了基础，从而有助于连接这两个领域的管理实践。

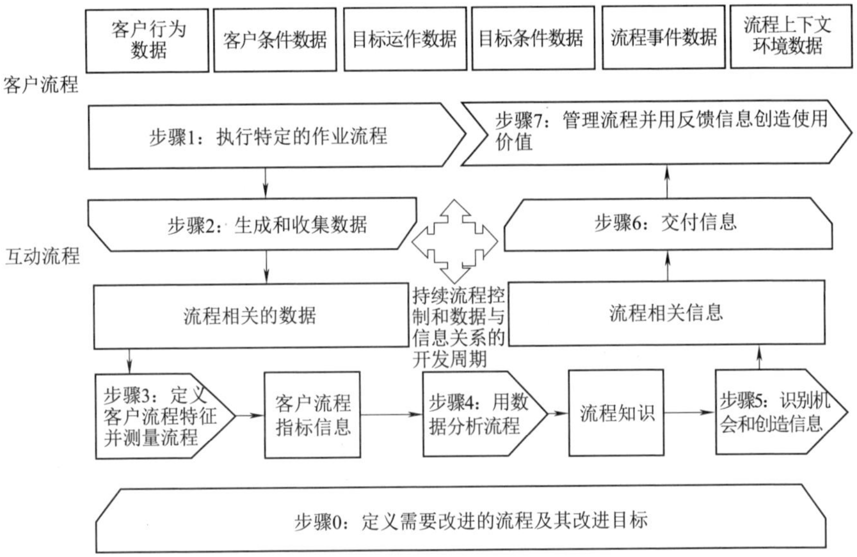

图 11-3　客户流程管理框架

来源：《服务管理》，2019

步骤 0：定义需要改进的流程及其改进目标

在 CPM 中，流程分析单元是每一个单独的客户流程，所有不同的数据收集、分析和信息交付活动必须协调一致地组织起来，以确认改进的重点流程。因此，实施 CPM 的第一步是定义要改进的流程及其改进目标。

步骤 1：执行特定的作业流程

首先，客户执行特定的流程以完成他们的工作，这些流程通常是和企业互动的，客户通过和企业的互动过程成完成价值的共同创造。

步骤 2：生成和收集数据

企业或其合作伙伴在客户流程中收集数据，这些客户数据包括：人类行为、健康、操作、条件、流程事件和环境记录等，这些结构和半结构化数据是客户流程执行效果的体现。

步骤 3：定义客户流程特征并测量流程

根据收集的客户信息数据分析确定客户特征，并制定客户绩效指标用于将来观测客户流程绩效表现。CPM 中的绩效度量是针对单个客户定制的，而 BPM 中的绩效度量是针对整个业务的。现有流程改进技术，例如，统计流程控制和流程挖掘，也可以应用在客户流程中。

步骤 4：用数据分析流程

在对客户流程指标有基本了解之后，企业必须进一步分析该流程以获得高级知识。客户流程指标测量旨在定量记录现有流程，而客户流程指标分析侧重于这些具体指标与其他变量之间的关系。客户流程指标分析提供了对相关流程的更深入理解，例如，分析不同客户流程的可变性以及质量或性能差的来源，并据此制定流程改进策略。

步骤 5：识别机会并为流程管理创建信息

企业根据数据分析监控客户流程的执行，并记录相关的信息，以便识别新的流程机会。客户流程指标分析的结果为理解客户和识别机会提供线索，以应对和解决流程的可变性。因此，企业可以为 CPM 创建信息内容，以发现机会并设计交付解决方案的信息，这些记录的流程信息可根据原始流程改进目的进行分类，例如，流程指标目的是实现理想结果还是防止不良结果的产生。

步骤 6 和步骤 7：交付信息和使用信息

最后，企业可以使用通过服务收到的反馈信息监控、理解和改进其流程，从而创造信息使用价值，这个过程涉及企业流程的优化，也会诱导客户流程的优化。

CPM 框架的活动形成了一个改进和管理重点客户流程的周期，CPM 框架中心的图标表示持续的流程控制和关系发展，如图 11-3 所示。虽然客户使用定义良好的流程服务，但通过不断的行为互动和信息交互也可以帮助企业和客户不断改进流程。此外，通过数据和信息之间的迭代交互，企业可以发展与客户的关系，并长期保持流程改进。

设计客户流程与设计内部流程具有相同的挑战，但客户流程设计与优化，同时面临的另一个挑战是对客户员工是否接受再培训、培训的程度以及培训的及时性几乎没有控制权。为了处理这一平衡，企业需要仔细考虑哪些流程应该是标准化的，在哪些上下文中应该允许灵活性，甚至鼓励灵活性，这种取舍的成功通常取决于企业在后台流程的标准化和客户流程的可定制性之间取得平衡的能力。

第12章

创新与运营结合的二元 BPM

12.1 二元组织

12.1.1 组织二元性

组织理论的一个永恒主题是组织的生存和发展问题。也就是说，成功的企业在管理当前业务需求的同时，能够灵活高效地适应环境的变化。或者换句话说，一个组织的长期生存和成功取决于它能够进行足够的开发以确保该组织当前的生存能力，同时能够进行足够的探索以确保未来的发展能力。要做到两全其美，组织必须在其环境中协调内部紧张关系和相互冲突的需求。

关于组织二元性的争论起源于学者马奇 1991 年的主张，即组织必须参与相互冲突的活动：开发活动和探索活动。马奇提出，开发和探索是两种根本不同的学习活动，企业必须在这两种活动之间分配注意力和资源。开发与优化、效率、选择和实施等活动相关，而探索指的是搜索、变异、实验和发现等概念。因此，开发和探索可能需要根本不同的组织结构、战略和环境支撑。马奇认为组织需要同时关注开发和探索。片面关注开发活动可能提高短期绩效，但也可能导致能力陷阱，因为企业可能无法充分应对环境变化；

相反，过多的探索活动可能增强企业更新其知识库的能力，但也可能让组织陷入无休止的搜索和无回报的变革循环。组织二元性使企业能够处理与开发和探索相关的不同活动之间的冲突，如适应和调整、增量和根本性创新、产品开发和产品商业化等。一种主流观点将二元能力定义为企业平衡或同时追求开发和探索的能力，它要求组织具备在适应环境变化的同时管理当前需求的能力。事实证明，组织的二元性与技术创新、组织学习、竞争优势和组织生存息息相关。

组织二元性中的开发涉及现有能力的改进，而探索涉及寻找新知识和机会，这两项活动都被视为企业可持续竞争优势的关键。开发意味着微调、选择、生产、效率、实施和执行，指的是细化、选择和实施，有效的开发活动需要执行以效率和改进为重点的常规任务。当一个组织努力开发时会产生这样一种趋势：活动的确定性更高、速度更快，短期目标回报更接近、更清晰，这也表明对革命性创新的投入较少，从中长期来看，这可能是影响组织知识过时趋势的一个因素。企业的显性知识更多地存在于开发能力中，开发能力是基于现有知识和学习强烈呼吁刺激经济增长，再加上对成本控制的高度关注，这种模式为后续的规模经济提供了激励和基础。

探索与新的可能性联系起来，包括研究、变化、冒险、实验、游戏、灵活性、发现和创新，与搜索、变异和实验等术语相关。探索使企业能够适应和接受新知识，专注探索的企业需要更高的实验费用，而短期效益却没有显著改善，与之相关的有形和无形回报不太确定，实现回报周期更远。探索可能涉及基础研究，这意味着与产品开发相比，确定性更少，时间更长。对于企业来说，探索注重创新和隐性知识，更难内部化。

开发和探索密切相关，因为在不断变化的环境中，开发能力是必要的但还不够，一个不能履行诺言的组织，将不会有远大的探索基础，这就解释了为什么许多企业在进行探索之前，都会在开发能力的建设上付出巨大的努力。不幸的是，许多企业从未超越开发能力。表 12-1 对比了开发和探索的观点和目标的区别。

表 12-1　开发 VS 探索

分　类	开发业务	探索业务
战略内容	成本、收益	创新、增长
关键任务	运作、效率、增量改进	适应性、新产品、突破性创新
竞争力	运作	创业
结构	正式的、机械的	适应性，松散的
控制与奖励	利润率、生产力	里程碑，增长
文化	效率、低风险、质量、客户	风险担当、速度、灵活性、实验性
领导力	授权，自上而下的	愿景的、参与的

来源：https://www.researchgate.net

多数企业在探寻创新的触发机制时，都会在开发和探索之间做出平衡，但是往往又局限于组织可接受的探索活动。从本质上讲，每个组织都有舒适区，往往不愿或者不能从中走出来。关于创新的一个中心主题就是如何平衡开发和探索之间的关系。在开发的过程中，企业做的事情是使用并发展已有的事物。基于已知的事物，很容易产生很强的依赖感，基于知识开发建立的企业是传统的。常识告诉我们，在不确定的环境下才会出现一些不同的事情，例如产品创新或者企业战略的改变，这类探索过程，通过已知的事物产生新的想法，并使得企业通过一些全新的方法进行新的尝试。越来越多的开发式创新都是过程创新或者小规模创新，一些突破性的创新或者大规模的创新，则需要探索式创新实现。所以，在一定时期内，保持开发和探索的最佳组合是管理者必须关注的最重要的要求之一。两种形式的创新都需要结合知识：一种是以众所周知的方式利用现有知识，另一种是以新的方式利用各种分散的知识。开发需要效率和聚合思维实现现有能力并不断改进产品；相反，探索需要搜索、变异和实验，以产生新的知识重组。然而，从根本上讲，这些知识过程是相互冲突的，这种冲突的复杂性加剧了管理的挑战，如何平衡开发和探索对于对企业管理者是一项巨大的挑战。

12.1.2 实施二元能力的前因

组织构建二元能力是一个复杂且长期的过程，包括企业战略、文化、结构等因素。

1. 领导风格

领导风格可以定义为提供方向、实施战略和激励员工的方式。领导风格的不同对创建一个灵活组织的能力至关重要。研究证明，具有二元能力自相矛盾的领导对培养员工的双智行为或二元能力起着重要的影响作用。在组织层面，管理层参与横向决策和协作行为的程度被证明会影响组织的二元能力，即管理层经常参加跨部门的重大决策，并大力倡导和支持跨部门团队的协作沟通会增强组织的二元能力。此外，管理层对企业目标的充分承诺也被证明是提高企业二元能力的必要条件。这种领导风格的共同点是对企业愿景和高绩效的共同期望。

2. 组织文化

组织文化是指组织成员的集体价值观、信念和原则的总和，是企业历史、产品、市场、技术和战略等因素的产物。在组织文化因素中，所有积极塑造企业文化和商业态度的价值观和行为都有助于组织二元能力的形成。同时，在员工层面，如果组织纪律鼓励员工自愿尝试满足其显性和隐性目标产生的所有期望，也可以引导员工急切地追求更具雄心和挑战性的目标，从而培养员工的二元能力。

3. 组织结构

组织结构代表了为实现企业目标而努力工作，系统、运营和人员的所有关系的总和。不同类型的组织结构会对组织的二元能力产生不同的影响。企业中常见的组织结构有：官僚科层式组织结构、矩阵组织结构，扁平化组织结构等。通常来讲，二元性组织结构简化了决策过程，有助于对环境做出快速有效反应，并有助于解决组织单位之间的冲突。就这样的说法，扁平化组织结构、授权型组织结构或者是虚拟的流程组织结构对于组织二元性的建立有着促进作用。同时，如果在组织结构设计中，将创新和效率的功能内置于整个组织结构中，也可以在组织层面和员工层面触发二元性能力和行为。

4. 工作设计

工作设计涉及工作内容、方法和工作关系的各种规范，其主要目标是满足技术和组织要求以及员工的社会和个人要求。研究表明，工作任务的设计可以通过持续学习和控制过程触发二元灵活性。此外，社会关系也起到一定作用，具有紧密联系的社会关系的组织可以触发二元性，单位之间的互联性越高，创造二元性的潜力就越大。

5. 组织环境

组织环境因素涉及跨越企业边界的不同因素，包括组织与环境的关系，以及组织所在外部市场和外部资源的可用性。在组织环境中，还涉及企业如何与买家或供应商建立关系。企业对其可用资源的感知起着核心作用，如果资源被认为是足够的，那么企业通过更多的努力可以创造二元性，而对资源稀缺性的感知则会导致一种理解，即追求二元性似乎不太可行。因此，稀缺资源的约束也会损害二元性创造。经验证明，在充满活力和竞争力的环境中运营的企业更有可能同时追求这两种类型的创新，从而变得灵活。

与此类似，企业在面临日益增强的环境竞争力时，会在开发和探索之间取得平衡，当环境条件变得越来越恶劣时，企业在战略和结构调整方面将朝着更加平衡的方向发展。

6. 人力资源管理

人力资源管理这里定义为对企业员工的战略性和主动性管理，这一类别包括与员工工作条件、工作动机和企业社会属性相关的所有因素。建立一个支持性的组织环境，让员工在创新和注重效率的活动之间切换，在培养核心员工二元特征和触发组织二元性方面起着决定作用。从本质上讲，二元的人力资源管理系统可以被视为一种特殊的高绩效工作系统。

12.1.3 二元性能力与组织绩效

组织二元能力长期以来一直与企业的短期和长期绩效相关。首先，追求二元性并不反映每个时期的短期决策，而是需要长期愿景的支持，实现这一愿景需要从根本上改变组织的战略、结构和文化，并涉及组织资源的长期承诺。因此，当高级管理人员制定一个二元性的愿景时，自身会受到强烈的激励，会努力保护这一愿景不受短期压力的影响，以适应开发和探索的平衡。这种辩护的理由是，这些高级管理人员认为二元能力是一种罕见的、有价值的能力，需要时间和精力构建和完善。虽然短期回报可能具有欺骗性，但高层领导人希望双管齐下的战略能够提供长期回报。因此，他们充当这一战略的保护者，特别是，当组织从平衡导向战略转向单一关注探索或开发时往往会被否决，因为这种转变与企业的双重愿景、战略和结构相矛盾。

能够同时进行开发和探索的企业比单独强调一个方面而牺牲另一个方面的企业更有可能实现高的绩效。从事探索的企业存在固有的风险，因为回报很难事先估计，而且可能需要很长时间才能实现，甚至这些企业可能将稀缺资源全部用于探索，导致企业从来没有从开发能力中获益。马奇指出：一个专门从事探索的组织通常会因为其知识永远得不到回报而遭受痛苦。企业可能陷入一个无休止的寻找、失败和无回报的下行循环。相比之下，主要追求开发的企业通常会获得接近的、可预测的但不一定可持续的回报。专门从事开发的组织通常会遭受淘汰，狭隘的开发可能导致越来越僵化的认知地图和高度专业化的能力，这可能造成核心僵化。开发的优势可能提高短期绩效，但也可能会导致竞争陷阱，因为企业可能无法充分应对环境变化。与探索相关的回报在时间上更加多变和遥远，而与开发相关的回报在时间上更加确定和接近。换言之，探索使得企业通过经历巨大的成功和失败而产生更大的绩效变化，而开发使得企业可能产生更大的收益稳定性。

长期以来人们一直认为组织的二元性是企业长期绩效的关键驱动力，但在现实中却不尽然，这是由于探索性和开发性创新策略之间的相对不平衡导致的。增强二元性对企业的长期绩效可能是好的，也可能是坏的，这取决于企业所面临的环境。有研究表明，在以增量变化为特征的环境中，随着时间的推移，企业从保持二元性的学习效应中获益更多，这会带来积极的表现；然而，处于不连续变化环境中的企业更多地来自自我强化造成的惯性和错位，这会对其绩效产生负面影响。这为二元性对企业绩效的影响如何随时间演变提供了更为动态的视角。

关于组织二元性的概念可以分为两个维度理解：平衡和组合。开发和探索之间的平衡称为二元性的平衡维度，二元性的平衡维度对应企业在开发和探索活动之间保持密切的相对平衡的方向；而开发和探索的组合幅度称为二元性的组合维度，二元性的组合维度对应二者的综合规模。这两种维度依赖不同的因果机制促进企业绩效的提升。研究发现，除了开发和探索的独立效应外，高水平的平衡或者组合同时也会产生协同效应。平衡更有利于资源受限的企业，而组合更有利于更容易获得内部或外部资源的企业。这些结果表明，在资源有限的情况下，管理者可能受益于管理开发和探索需求之间的权衡，但对于能够获得足够资源的企业来说，同时进行开发和探索是可能的，也是可取的。

12.2 二元 BPM

12.2.1 二元 BPM 提出

长期致力于提高生产力和卓越运营，企业可能变得僵化，随后可能变得脆弱。《生产率困境》一文指出，企业对生产率提高的关注阻碍了其寻找创新解决方案以适应环境变化的能力。虽然 BPM 技术最初应用于制造和运营改进领域，但其影响已扩大至其他领域，包括技术创新的选择和产品开发的过程。BPM 的支持者已经将以流程为中心的实践推广为对组织普遍有益的做法，从而促进能够持续提高效率、降低成本、提高客户满意度并最终提高利润的创新。BPM 被视为获取和维持竞争优势的一种手段，致力于维持和改进流程能力的提升，甚至更广泛地致力于组织变革动态能力的改进。但是，流程管理实践侧重于减少组织惯例中的变化，随着这些减少变异的活动扩散至创新中心或组织中的创造活动，它们越来越影响组织的动态能力。

通过业务运营变化实现可持续发展的效果取决于业务流程的开放式创新程度。业务运营结构和流程需要学习如何适应和实施新版本的业务流程管理。关于管理创新的新兴研究假设了新的 BPM 能力和组织二元性之间的结合。事实上，组织二元性中的开发和探索力量的结合，可能为在多变的环境中经营企业以及 BPM 开辟新的视野。据此，迈克尔·罗斯曼应用组织二元性原理提出了二元 BPM 的概念，二元 BPM 包括开发性 BPM 和探索性 BPM。二元 BPM 指的是在 BPM 计划中同时具备开发和探索能力，被认为是业务流程效率和灵活性的动态平衡，其中开发性 BPM 面向渐进式流程改进，探索性 BPM 面向根本性流程再造。也就表示，二元 BPM 能够利用现有技术的优势同时还具备探索新技术的优势。开发性 BPM 和探索性 BPM 有很大不同。开发性技术是一种由内而外的方法，这种方法使用组织的内部战略和资源分析业务流程中的问题和机会。反过来，探索性技术是一种由外而内的分析方法，即从客户的角度获取机会的输入，也可以根据社会媒体、大数据或物联网等趋势评估企业的流程创新能力。例如，在数字化时代，探索性 BPM 的目标是评估移动技术或云技术等技术趋势发展如何促进组织的业务流程创新。任何大企业都有成百上千的流程，探索性 BPM 的重点不是从这些流程中挑选一个并试图加以改进，而是评估现代技术正在产生哪些新功能，并探讨哪些流程将从中受益最多。这种探索性活动和开发性活动的交织被认为在 BPM 中非常重要。

传统上，企业通过对业务流程进行定性或定量分析实现减少或消除流程中存在的问题，例如业务瓶颈、资源浪费、周期时间和手工作业等。业务流程分析是 BPM 生命周期的一个重要阶段，因为它为业务流程的问题和潜在改进提供了关键的检验。业务流程分析应被视为为组织提供价值的一种手段，在 BPM 计划中，这一价值可以转化为流程本身、组织及其客户的改进机会，可以通过由内而外的开发性流程改进或由外而内的探索性流程改进两种模式开展。由内而外的开发模式考虑对现有问题和瓶颈采取更为被动的方法，以实现组织改进；另一方面，由外而内的探索模式寻求主动识别尚未探索的问题和创新机会，以创造新的产品、服务和业务流程。鉴于这种冲突，组织需要平衡这两种能力，并关注市场变化以进行创新，虽然组织大部分情况下很难实现这两种能力的平衡，但把其作为相互补充的能力会相对容易实现。

在过去的几年中，二元 BPM 越来越受到研究者和实践者的关注。开发性 BPM 旨在运行和增量改进业务流程，开发性分析能力专用于评估当前流程，旨在识别和量化流程问题，支持市场条件基本稳定的行业和组织，例如，银行后台和大规模生产。探索性 BPM 是关于设计流程愿景的流程，这些愿景极具吸引力和变革性，能够激励员工和客户探索如何创造理想的未来状态。例如，设计新颖的数字渠道，以支持人们享受地方政府提供的公共服务，这与开发性 BPM 形成鲜明对比。

整个 BPM 生命周期需要在每个阶段进行创新，这些创新还应紧密遵循组织目标，即开发性和探索性目标，以满足数字知识经济中的二元灵活性需求。凭借增强的灵活性功能，二元 BPM 更具动态性，并在增量和创新流程变更之间获得平衡。在动荡的时代，组织面临快速适应外部变化并为客户提供真正价值的挑战，因此，流程分析师不仅需要使用传统的分析技术，例如，利用石川图和 5W2H 处理当前业务流程中的瓶颈和问题，还需要利用同理心地图和人物角色等工具探索外部机会，改造现有流程，设计全新流程。

二元 BPM 的思维框架在某种程度上是相互矛盾的力量，但又必须共存。面向开发的 BPM 包括减少流程偏差、自动化手动任务和降低成本的工作，它被认为是由改进驱动的，并遵循由内而外的观点。相反，面向探索的 BPM 是一种机会驱动的、由外而内的方法，它专注于业务流程的根本转变,真正改善客户体验并为组织带来新的收入流。探索性 BPM 对于 BPM 实践者来说是一个重要的未来机遇和挑战,此处所需的技术、方法和系统大大超出现阶段可用的范围。

12.2.2 开发性 BPM

开发性 BPM 旨在运行和逐步增量改进业务流程。目前业务流程管理的现状绝大部分是开发性 BPM,是关于如何确定范围、识别上下文、建模、分析、比较、实施、执行、监控以及越来越深入地挖掘和评估流程绩效。开发性分析能力专用于评估当前流程,旨在识别和量化流程问题。下面列举了开发性流程分析技术,这些技术在实践中得到广泛应用,可以说开发性 BPM 是具有极高成熟度的知识体系。

(1)精益管理:以定位和消除七种浪费为动机。

(2)六西格玛:基于丰富的统计工具,评估并减少流程绩效的变异。

(3)约束理论:旨在消除流程中的瓶颈,并为如何克服这些瓶颈提供一套指导方针。

(4)流程建模:提供一种针对流程干系人之间共享理解的方法。

(5)工作流管理:旨在通过业务流程的自动化替代手工劳动。

(6)SIPOC:关注流程及其客户,关注分析流程供应商、客户、输入、活动、输出等信息。

(7)视点分析:不同场景和不同部门可以看到哪些流程部分。

(8)情景分析:例如 100 万元以下的贷款申请如何在系统中流动。

(9)帕累托分析:20%的流程是否能够解释 80%的问题。

(10)流程仿真度:流程在不同负载或替代资源情况下的表现如何。

开发性 BPM 的执行功能致力于可靠、自动化的业务流程,同时考虑不同类型业务流程的不同需求，可用的解决方案包括工作流管理、面向服务的应用程序、异常处理、自适应案例管理或文档管理，还包括硬编码流程，因为它们可以应用于企业信息系统或特定的行业解决方案。

开发性 BPM 在市场条件基本稳定的行业和组织中服务良好，流程的高效执行确保了规模经济，带来高水平的可预测性、控制性和透明度。它简化了资源配置、成本计算和总体规划决策，而且导出的历史数据具有很高的价值，可以为未来的流程设计活动提供信息。

12.2.3 探索性 BPM

在受到数字创新破坏的行业中，开发性 BPM 的缺点尤其显著，这在许多情况下意味着出现了一类全新的竞争对手。例如：

(1)微信等应用程序通过提供零成本服务已经大部分取代电信服务商的短信服务；

(2)爱彼迎已成为酒店行业的严重威胁，因为它支持从企业到客户的直接流程；

(3)支付宝已经从传统金融行业获取大量的创收；

(4)在线课程培训对大学的收入模式构成威胁；

(5)网约车企业已开始蚕食老牌出租车企业的市场份额。

前面提到过，探索性 BPM 是关于制定流程愿景的流程，这些愿景极具吸引力和变革性，能够激励员工和客户探索，它通过一系列过渡状态实现所需的未来状态，从而淘汰当前流程，这与开发性 BPM 形成鲜明对比，后者根据当前的问题开发未来的流程，当前的 BPM 技术无法生成这样的流程愿景。探索性 BPM 所需的一些功能，其核心是简化，并在可能的情况下自动或者半自动衍生新流程，与占主导地位的手工工作渐进式简化方法不同，它需要全新的方法设计这些引人注目的场景和实现这些场景，这类流程愿景的进一步例子包括：旨在 24 小时抵押流程的银行、电商的无人机交付、或在人们证件过期之前自动更新相关证件。其中许多愿景的灵感来自当前的技术，以及将其洞察转化为新流程设计机会的能力，这是看到技术背后潜在能力的结果。BPM 探索者必须有非常雄心勃勃的目标，让流程真正回到其最基本的初心：客户。

开发性 BPM 集中于识别特定流程中痛点的构造，而探索性 BPM 则是关于流程中机会点的识别，这些机会点包括零售商利用面部识别技术受益、保险企业可以利用基于位置的服务、社会公共机构可以提供对公民敏捷快速的一站式经纪服务。这些机会点需要用精确的语义进行概念化，并在现有的 BPM 技术、方法和系统中进行上下文情景化。如何在流程中捕获这些上下文信息，如何将其作为流程建模查询语言的一部分，这些都是探索性 BPM 需要考虑的问题。

与电信、IT 服务管理、供应链管理或企业信息系统等行业开发的第一波参考模型不同，探索性 BPM 未来的参考模型需要大大超越这些常识模型。虽然这些参考模型的集合为大规模实施 BPM 的组织提供了重要的基础，然而，这些模型很少成为突破性创新的源泉。本着开放式流程创新的精神，新的激动人心的参考流程模型必须是更小的流程或流程组件，并需要新兴技术支撑。

致力于推动探索性 BPM 的开发人员和研究人员的另一个想法是开发流程创新系统，为现有 BPM 工具提供服务。流程创新系统和预测分析解决方案等数字技术结合将能够自动发现改进机会，并编译和建议各自的流程片段，这种流程创新将通过加强提取流程含义和预测流程行为的能力提升流程改进的探索性特征。未来的用户将能够以模糊逻辑、基于机器的学习或基于案例推理的形式，使用人工智能半自动地提出可能感兴趣的流程设计。开发一套丰富的流程改进模式和相关的流程创新系统是一条具有高度相关性但尚未被广泛探索的道路。

12.3 二元 BPM 的技术支撑

12.3.1 大数据驱动的二元 BPM

总体而言，优越的技术能力有益于开发性和探索性学习行为。由于持续和充分利用现有的独特技术、知识和资源改进产品，企业的开发能力得到加强。同时，先进的技术促进了知识转移，使组织的流程不可替代，难以模仿，也使企业的探索能力得到加强。因此，技术能力有可能提高组织二元性的表现。

大数据技术在开发和探索方面塑造二元 BPM 起到了重大作用，见表 12-2。在开发性和探索性的业务流程中，大数据有以下的优势：首先，大数据通过减少瓶颈简化内部流程，从而提高流程的效率。事实上，这些流程与运营敏捷性相关，因为来自多个内部业务流程的数据可以同时分析，并允许管理者提高内部业务流程的效率。其次，管理者可以根据来自客户的大数据进行洞察，识别客户的常见行为模式，并根据这些偏好定制产品和价格。因此，大数据系统可能增加以客户为中心的商业模式试验。最后，在业务流程中使用大数据可以培养企业的灵活性、敏捷性，从而潜在地提高企业的探索能力和开发能力。研究证实，大数据部署可以同时促进开发性和探索性业务流程，从而帮助企业实现二元灵活性。

表 12-2　大数据驱动的开发和探索业务流程

大数据驱动的开发性业务流程	大数据驱动的探索性业务流程
增加效率	增加以客户为中心的效能
问题定义定解决	改善市场变更的灵敏度和反应
单个流程的绩效度量	服务创新
改善风险管理	知识获取和网络管理
改善问题决策流程	商业模式实验

来源：《业务流程管理》，2018

总体而言，大数据分析能够帮助企业应对日益复杂的内外部环境，并随时准备与动态生态系统共同发展。探索性业务流程的企业可以使用客户数据将产品转向以客户为中心的产品，这意味着提高灵活性和对市场变化的响应能力，调整现有服务和客户所需的价值主张，并建立一种独特的客户体验。具体而言，大数据分析允许企业识别每一种客户体验，获取客户见解并定制他们的体验，改善客户关系。大数据还允许获取外部利益相关者提供的相关知识，并与外部合作伙伴合作，以促进探索性和创新性活动。例如，就零售企业而言，从供应商那里探索的知识可以在效率和效果方面对改进内部流程产生影响，为整个组织创造价值。可以说，大数据创造了一个有外部和内部利益相关者的开放生态系统，企业可以从中挖掘巨大的潜力和价值。

需要注意的是，开发性和探索性业务流程相互交织、相互关联，大数据的部署通常会在它们之间产生协同效应。正如所建议的那样，大数据部署可以使二元组织更好地识别市场机会，利用它们并调整其内部流程，从而同时促进开发性和探索性业务流程，提升组织和业务流程的二元能力。

针对开发性和探索性流程的大数据部署也可能导致一些管理问题和需求。首先，企业需要一个物理 IT 基础架构，以遵循大数据生命周期，并选择正确的技术和 IT 合作伙伴管理数据。其次，企业必须发展分析和解释数据的能力和技能，以指导具有最高潜在价值领域的实施工作。出于这些原因，很多企业正在寻找新的职位，例如数据所有者、数据科学家、数据管理员、信息架构师和数据分析师等，这也对人力资源管理和招聘工作提出了挑战。事实上，只有组织内部有能够分析和理解数据的人，数据才有用。因此，企业需要具备将这些数据洞察转化为业务决策和创新流程技能的员工。此外，管理者也应该接受大数据文化作为一种新的管理方法。

12.3.2　二元 IT

同样，IT 也存在二元能力的要求，通常称为二元 IT 或者双模 IT。IT 二元性定义为企业在其 IT 资源和实践管理中同时追求开发和探索的能力。IT 开发指的是对现有的 IT 资源和实践的利用，而 IT 探索指的是对新 IT 资源和实践的试验。IT 开发与企业管理当前 IT 资产组合、在不同业务活动中利用和重用 IT 资产以及业务流程集成的能力相关。相反，IT 探索与企业投入必要资源和管理时间以了解不同 IT 体验的能力相关，例如，选择最有可能对当前和未来业务运营产生积极影响的少数技术。

因此，IT 二元性是企业管理当前技术和新兴技术、利用这些技术掌握其潜在商业运营价值、选择有前途的技术以及实施这些技术的能力。从二元性的角度来看，虽然企业需要进行 IT 探索以将注意力引向新兴的技术、方法和技能，但也需要进行 IT 开发以确保企业能够充分利用现有的 IT 资源获得充分的利益。通过在这些目标之间找到平衡，企业可以更好地响应当前和新兴的业务需求，并因此变得敏捷。

IT 二元性可以为企业提供不断创新和改进运营的能力，从而支撑组织敏捷性的实现。它通过促进企业内各种运营流程的优化改进，提高业务运营的有效性和效率，提高运营的二元灵巧性。例如，在管理客户和供应商关系方面，良好应用的 IT 系统使企业能够获取客户和市场的信息，通过各种沟通渠道在重要利益相关者之间共享这些信息，并促进新产品和服务的设计、生产与分销。另外，通过开发适当的 IT 资源和实践，灵活的信息处理方式也增强了日常管理操作的效率，例如，会计、人力资源管理和供应链管理。为开展和执行多样化的运营流程与活动，企业应通过修改、开发或收购必要的应用程序、网络、数据库和通用 IT 平台，及时提供最佳的 IT 支持和基础设施。

平衡 IT 的开发与探索不仅对于有效部署现有和潜在的 IT 资源以及与之相关的实践至关重要，而且对于 IT 业务流程的无缝集成和进化调整也至关重要。举一个例子，众所周知，企业采用射频识别技术可以在入境物流、库存管理、制造、出境物流、销售和客户服务等领域实现运营创新和改进。尽管企业仅采用一种新技术也许并不能带来运营增强，但通过对这一新的 IT 计划无缝集成现有 IT 基础设施和应用程序的持续努力，可以带来信息处理效率的大幅度优化，最终将促进企业向竞争性运营转型。因此，企业在 IT 开发和探索方面的双重能力对于提升运营的开发能力与探索能力至关重要，更高的运营能力能够使企业有效应对市场竞争和变化，特别是，对运营创新的探索使企业能够实施新的客户服务、销售或制造模式。产品、服务和业务流程的破坏性创新被认为是企业对市场变化和机遇做出敏捷反应的驱动力。同样，运营模式的创新可以支持企业重新配置资源，以更好地应对新出现的威胁。综上所述，外部环境动态性变化要求组织具有快速应对的敏捷能力，而 IT 二元性通过现有技术和新兴技术的利用能够促进更大的业务操作灵活性，从而促进组织运营二元灵巧性的发展。更高的二元运营能力可以支撑组织向新的运营模式的转型，并进一步增强组织敏捷性。所以，组织敏捷性、运营二元性、IT 二元性之间的关系对于组织二元能力的提升是相辅相成的。

另外，信息技术能力，即提供信息技术以支持业务流程已变得越来越重要，被认为有助于提高效率和灵活性，并支持二元业务流程的实施和改进。然而，企业在追求这两个目标时也面临重大的权衡。业务流程已被认为是将 IT 投资转化为企业绩效价值的核心。但由于 IT 预算有限，问题在于利用现有 IT 能力支持开发性业务流程的投资有多少？利用新的创新 IT 能力支持业务流程的投资有多少？在这种情况下，企业的权衡思维非常普遍，即如何平衡利用现有资源争取短期效率和通过探索新资源争取长期灵活性。

12.4　二元 BPM 的紧张关系

这是一个变化的世界，管理者和组织面临的困境是显而易见的。在短期内，管理者必须不断提高战略、结构和文化的契合度或一致性，但这还不足以持续取得成功。从长远来看，管理者可能需要破坏使其组织成功的一致性。对管理者来说，这意味着一部分时间在一个相对稳定和渐进式创新的世界中运作，另一部分时间在一个革命性创新的世界中运作，这些截然不同的需求要求管理者定期毁坏已创建的内容，以便重建更适合下一波变化的业务。如果要克服这种悖论，就需要有灵活的组织。

组织的二元灵活性意味着企业管理这些紧张关系的能力。灵活的企业能够同时管理相互矛盾的过程，利用现有能力并以同样的灵活性探索新的领域，这种理想的结果被描述为平衡，这种平衡并不意味着平庸的分裂或平淡的压缩，而是真正擅长于开发和探索。潜在的紧张关系是悖论的根源，并在相互关联但看似矛盾的两极中表现出来，就像阴阳两极一样，演员越倾向于一个极点（如利润），他们就越能感觉到另一个极点的吸引力（如突破），由此引起的是一场认知拔河。

二元性概念背后的永恒挑战是，开发和探索是相互矛盾的力量，企业需要重新考虑其矛盾的组织需求，以享受卓越的长期绩效；开发和探索又是相辅相成的力量，而且随着时间的推移，二者往往会相互加强，但也会产生持续的组织紧张关系。

12.4.1　差异化和融合

在实践中，二元性方法在侧重点上有所不同，通常的管理主张是差异化或融合策略，所以第一种紧张关系与差异化和融合有关。

差异化是指将开发性活动和探索性活动分离为不同的组织单元，而融合是指使同一组织能够解决开发性活动和开展探索活动。差异化强调了将任务细分为不同的组织单元，这些单元倾向于为开发和探索适当的环境。差异化是结构二元性的体现，旨在通过将不同的流程分配于单独的子单元实现这种紧张状态的整合。通过在管理层面确保各单位的规模经济和范围经济的协同整合与最大化，每个单位都具有不同的文化、结构、控制系统和激励机制。在这种方法中，从事探索的独立组织单位比负责开发的单位更小、更分散、更灵活，这种结构性差异有助于灵活的组织保持不同的能力，以满足新兴和主流商业机会带来的不一致需求。例如，流程持续改进部门和流程变革创新部门，不同部门承担不同能力，这种二元性通过部门空间上的差异和分化得以实现。融合，即使组织能够在同一单位内处理开发和探索活动的行为机制，它通过时间分离在开发和探索之间根据时间的周期性进行转换，时间上的融合要求组织能够描述如何设计业务单元上下文，以使员工能够从事这两种类型的活动。此外，研究发现，高层管理团队的行为整合有助于处理不同的需求，而这些需求对于实现组织二元性至关重要。差异的要求是在不同的组织单位中同时存在开发性和探索性活动，代表组织双重灵活性的一个重要但不充分的条件，需要高层管理团队确保不同部门之间的整合。融合受到承担开发性和探索性任务的个人的限制，因此需要员工依靠相同的基本经验、价值观和能力完成这两项任务，这使得探索根本不同的知识库变得困难。例如，描述生产工人如何在分别由日常工作和平行组织结构（如质量圈）支持的两项任务之间切换，这些结构使来自同一部门的人员能够在常规任务的科层结构和非常规任务的有机结构之间来回移动。将流程持续创新和流程变革创新在空间上进行融合，使组织对于员工技能要求的难度瞬间加大甚至很难实现。目前在国内，有少数企业设置了业务设计团队和业务执行团队以共同支撑组织的灵活性，业务设计团队思考业务能力和流程建设的探索能力，业务执行团队专注于业务日常改进的开发能力，这是通过结构上的差异化实现的。

将差异化和融合过程结合起来的需要造成一个难以解决的悖论。管理悖论需要一种限制两个极端的创造性方式，而不是简单的非此即彼。当差异化与融合相结合时，开发和探索需要被概念化为一个连续统一体的两端。因此，管理任务是确定正确的差异化和融合的程度。差异化和融合之间的正确平衡很可能取决于开发和探索活动的相对重要性。由于开发和探索的需求可能因计划时间的不同而不同，因此管理差异化集成可能是创造和维持组织双重灵活性的重要动态能力。首先，差异化和融合是实现组织效力的补充机制，而不是替代机制。其次，差异化和融合之间的相对平衡可能会随着手中的特定任务或活动而变化。最后，由于上述原因，差异化和融合之间的紧张关系需要持续的管理关注。

12.4.2　个人或组织

第二种紧张关系涉及二元性是在个人层面还是在组织层面表现出来的问题。二元能力通常描述为实现双重能力的组织机制，如横向协调机制。相反，也有一些研究表明，组织二元性植根于个人的开发和探索能力，二元组织机制可能需要在个人层面实现二元性，也就表示个人二元性可能对二元组织机制的效果发挥至关重要的影响。

一个业务部门可以通过创建两个具有不同重点的职能或子部门而变得灵活。一个制造厂可以通过创建两个不同的团队，一个负责探索，另一个负责开发，而变得更加灵活；而一个团队可以通过为每个人分配不同的角色而变得灵活。一些关于结构二元性的研究承认，少数高层需要通过整合开发和探索活动采取双重行动，这些管理者也同时从事高水平的开发和探索活动，他们是组织二元性的重要来源。个人可以同时承担开发性和探索性任务的可能性带来了许多需要解决的挑战。灵活的管理者必须管理矛盾和冲突的目标，进行悖论思维，并充分发挥多重作用。专注于创新和探索的个体甚至在个性上也与那些强调实施或开发活动的个体有所不同，个人在开发和探索方面都表现出色是一项挑战。

是什么让个体具有二元的灵活性？有研究发现，管理者获得自下而上的知识流和自上而下的知识流越多，管理者越可能进行高水平的探索和开发活动，这样的管理者既有短期导向，也有长期导向。另外，个体需要先前的相关知识才能吸收和使用新知识。因此，拥有广泛的先前知识类别以及掌握它们之间各种联系的个体可能能够更好地承担这两项任务。

除了个体特征外，组织因素也会影响个体的二元灵活能力，在解释员工个体的二元灵活性时，必须将组织因素与员工的个人特征一并考虑。首先，员工可以通过参与开发和探索活动展示个人的双重能力。其次，在不同的环境中，员工的开发和探索能力各不相同，这种差异源于员工所面临的个人特征和组织环境。

12.4.3 静态和动态

第三种紧张关系是关于二元性的静态和动态观点。尽管一些研究表明，应首先关注开发再关注探索，但针对组织二元性的研究提出的一系列解决方案显示组织能够同时开展这两项活动。但这些方式都是通过采用特定的配置而使组织变得灵活，都是采取静态的观点。考虑市场和组织的动态性，将静态因素与更动态的上下文感知的 BPM 相结合的理论变得非常重要。首先，管理二元灵活性是一项动态调整而非静态的任务。其次，包括结构调整在内的不同解决方案，随着时间的推移，可能需要语境的因素维持二元性 BPM 的动态性。最后，二元 BPM 可能源于对开发与探索的同时和连续关注，这个过程本身也是动态的。

12.4.4 内部和外部

第四种紧张关系与内外部二元性有关。传统 BPM 主要集中在组织内如何解决内部开发和探索的平衡问题，但创新和知识过程强调从外部获取新知识进行探索的重要性。动态能力描述在企业更新中起重要作用的内部和外部知识过程之间的相互关系。组织在创造和保持 BPM 二元性方面，有必要探讨内部和外部过程之间的相互作用，这个互动过程以客户逻辑的 CPM 发挥作用。

解决开发和探索之间矛盾的一个建议是通过外包或建立联盟将一组或另一组活动外部化。BPM 二元性，一方面是组织如何处理内部的开发和探索，另一方面，探索强调从外部获取新知识的重要性。经验证据表明，外部获取的知识可能有助于现有知识库的重新配置，超越组织界限的探索比组织内的探索更具影响力。因此，二元灵活性需要内部和外部知识以及跨组织边界的整合。第一，二元性可能取决于企业整合内部和外部知识的基础能力；第二，整合外部知识的能力依赖外部代言人（客户、信息系统、数字技术）和内部吸收能力的结合；第三，二元能力需要由社会网络支持。

总体来说，如何平衡与同步开发性 BPM 和探索性 BPM 内外部活动呢？解决矛盾要求的一个建议是，通过外包或建立联盟将开发性或探索性活动外部化，可以理解为流程外包或者流程合作创新；另一个建议是，企业也可以暂时以循环开发期与探索期这样的模式促进和配置二元 BPM。这两种解决方案有共同点，即组织通过一次只参与一个活动解决悖论。

12.5　二元 BPM 的设计

12.5.1　建立组织级二元 BPM

在竞争日益激烈和高度动态的环境中，企业必须在灵活开放的业务流程支持下开展开发性和探索性活动。但同时，由于竞争的加剧、环境活力的增强以及涉及企业创新和业务流程中新资源、新技术的增加，企业必须重新组织其业务流程和运营。组织发展二元能力是一项相当复杂的任务，需要最高管理层的承诺，并渗透整个组织，所有领域、所有流程和全体员工。组织效能和效率总是或多或少与组织知识相关，这些知识一般涉及组织的管理机制、程序、流程和规则等。因此，建立组织级二元 BPM 建议可以从以下四个方面入手：一是流程战略；二是流程负责人；三是流程文化；四是组织结构、流程协调和创新机制。

1. 流程战略

根据企业注意力的观点，二元 BPM 意味着根据流程战略对开发和探索活动不同战略优先事项的关注。企业需要清楚地知道自身希望实现的平衡性质，而不是在两者之间寻求固定的平衡。深入了解每个因素在促进开发性 BPM 和探索性 BPM 方面所起的作用，有助于企业在管理其创新和战略决策过程方面做出更明智的决策。战略整合需要一套共同的价值观、共同的愿景和总体治理过程，BPM 战略需要与组织战略保持一致性以支撑组织目标的达成。由于新兴技术在二元 BPM 中发挥了重要作用，所以流程战略还需要与企业的大数据战略和 IT 战略保持高度的一致性。

2. 流程负责人

作为组织中的关键领导者，流程负责人被认为在培养组织二元 BPM 能力方面发挥着重要作用，就像组织二元性描述的那样，最高管理团队内部成员的异质性有助于实现二元灵活性。所以，流程负责人团队的组成是组织开发和探索能力的重要前因。在流程负责人团队的组成方面，既有多样性又有共同企业关系的企业表现出更高程度的二元灵活性。

对流程负责人的真正考验是，通过增加战略、结构、文化和流程之间的一致性或契合度，为不连续的环境变化所要求的不可避免的变革做好准备，从而能够取得竞争成功，这需要组织的管理技能既能够在成熟市场中体现成本、效率和增量创新方面的竞争优势，又同时可以快速和灵活地开发新产品和服务。从概念上讲，关注这两种技能中的任何一种都很容易，不幸的是，只关注其中一个因素可以保证短期的成功，但会导致长期的失败。流程负责人需要能够同时兼顾这两个方面，也就是说，既要关注变革性的流程创新设计，又要关注已有流程的有效执行。杂耍提供了一个比喻。善于操纵一个球的杂耍演员之间是不会相互干扰的，只有当杂耍演员能同时处理多个球时，他的技能才受到尊重。管理那些追求迥异战略、拥有不同结构和文化的部门是一种杂耍行为，并非所有管理者都能胜任。在实施流程管理计划的企业中，有一类角色被描述为说教和说服，他们可以是流程负责人，也可以是二元 BPM 的代言人，虽然这在概念上很容易，但由于成功带来的惰性和保守主义使得这些组织转型在实践中变得相当困难，也让这些流程负责人和二元 BPM 代言人的工作开展举步维艰。

3. 多元流程文化

组织文化的重要性超越国家、行业和企业规模的界限，所以文化惯性是管理者经常无法成功引入变革的关键原因。文化的影响可以从帮助或阻碍企业竞争的多个方面看到，打破文化惯性，管理者就能成功地运用组织文化提供竞争优势。但企业文化有时与失败联系在一起，这种文化的特点是专注于内部，通过理性和官僚方式解决问题，通常会有以往的成功培养出来的傲慢，以及一种权力感。文化可以提供竞争优势，但正如我们所看到的，它也可以为成功所需的创新和变革制造障碍。在建立二元 BPM 的组织中，宽容、开放、变革、团队合作、敏捷等文化有助于从传统 BPM 向二元 BPM 的过渡。

另外，二元 BPM 关注客户流程的 CPM，关注由外而内的思维方法和原则，所以设计思维方式和文化是一种不错的选择。设计思维是一种平衡当前知识开发和新知识探索的思维方式，是一种支持创新的方法，它旨在将分析与直觉思维结合起来，是一种遵循由外而内范式的方法。设计思维迫使 BPM 团队从完全不同的角度思考流程问题，而不是专注于表面采用新的客户体验方法和技术，这使得团队在专注于优化客户体验时，能够更有效地与高管和利益相关者互动。设计思维产生于一个高度互动的环境，并通过以下步骤促进创新：移情、定义、构思和原型。尽管有大量研究提倡使用设计思维创造新的产品和服务，但 BPM 领域很少有研究建议综合使用开发性和探索性技术支持业务流程创新。

4. 二元流程组织

可以创建二元流程组织结构和系统协调看似矛盾的二元 BPM。二元的流程组织设计由高度分化但弱整合的部门组成。一般来说，流程创新和变革的探索单位较小且分散，文化和流程松散；流程增量改进的开发单位较大，更集中，文化和流程紧密。在业务灵活度要求高的领域建立探索性 BPM 组织，它通过试验和洞察等方式、手段，以发现组织的创新机会点为职责目标。在内部稳定的领域建立开发性 BPM 组织，这些组织的目标是通过降低可变性，最大化效率和控制成本。由于流程管理倾向于淘汰实验，因此必须防止开发性 BPM 组织的功能职责迁移到探索性 BPM 的流程中。

相互对比、不一致的组织单位必须在物理和文化上彼此分离，具有不同的衡量和激励，并拥有不同的管理团队。实验单位提供了变化，团队可以从中学习，从而押注于未来；而开发单位关注建立短期有效性的能力。在二元 BPM 组织形式中，流程管理活动驱动开发性创新，即使被稀释，也不会干扰探索性创新，这些内部不一致的运营模式由流程负责人通过其愿望、行动和有限的核心价值观从战略上联系在一起。

组织结构上的二元性一般来说更适合大型和多元化的企业，而较小的企业可能更多地从基于领导力的二元性中获益。由于规模较小、企业层级较少，因此较小企业的流程负责人更有可能发挥战略和运营作用，同时处理开发和探索问题。相反，大企业有许多组织障碍和多方面的外部影响，可能稀释高层管理团队行为整合的效果。

5. 流程协调和创新机制

组织使用各种协调机制促进其业务中不同部门和活动的整合与联系，一般有两种类型的协调机制：正式和非正式。正式的协调机制意味着组织层级结构的集中化和正式化;非正式的协调机制由一系列社会关系组成,通常可以称为联系。

集中式协调机制减少了沟通渠道,同时它也降低了有关故障排除的想法和知识的质量与数量。如果信息通过正式的沟通渠道传输,当某一个流程优化或者变革项目不符合组织目前的主导现状,就会导致出现激进式或者探索性变革项目实施的概率降低,因为组织决策的方向是由少数高管集中给出的,少数人集权式的决策很难有机会吸收不同的意见和想法。另一方面,决策的集中性也反映具有探险家特征的创新出现的机会较小。所以,集中化可以帮助具有开发性特征的流程创新,因为此类创新的范围和新颖性水平有限,产生的不确定性较小。从这个意义上讲,决策权的集中提高了信息处理的效率,为开发式创新提供了便利。所以,很多企业设置流程虚拟团队集中评审和决策流程变革项目,这种集中化流程创新和协调机制,一定程度上抑制了变革项目出现的概率。

相反,非正式的沟通通过业务目标驱动跨部门知识的流动,并发挥员工的自主性、能动性和创新性,这种方式虽然有时会产生沟通效率低下的现象,但在相关授权机制的保护下,能够激发探索能力。流程创新敏捷团队运作就是以能够激发业务创新性和灵活性为初衷的。从这个意义上讲,通过保证组织中跨部门团队非正式运作的连通性,可以为探索式 BPM 创新提供便利,这意味着更多的探索式流程创新的出现。

12.5.2　建立流程级二元 BPM

流程负责人和 IT 部门需要决定如何分配在提高效率和灵活性方面的支出,以支持业务流程优化和执行。从以效率为初衷,转向同时追求效率和灵活性的二元 BPM 的重点是提升每支流程的流程绩效结果,而这些结果是和企业价值强相关的。好的流程绩效结果的取得离不开好的流程设计。

流程设计与优化是流程生命周期中最有价值的环节，即使在二元 BPM 中也不例外，只是在流程价值的目标中增加了灵活性和适应性的维度而已。

在流程设计和优化过程中，流程设计技术是关键。由于业务流程二元性被认为是业务流程效率和灵活性的动态平衡，所以流程设计技术包括了流程开发性技术和流程探索性技术。流程设计的开发性技术是一种由内而外的方法，这种方法使用组织的内部战略和资源分析业务流程中的问题和机会。反过来，流程设计中的探索性技术具有由外而内分析的观点，即从客户的角度提取获取机会的输入。图 12-1 提供了从单支流程角度集成开发和探索两种技术思考的业务流程优化过程，以满足流程效率和灵活性的目标。

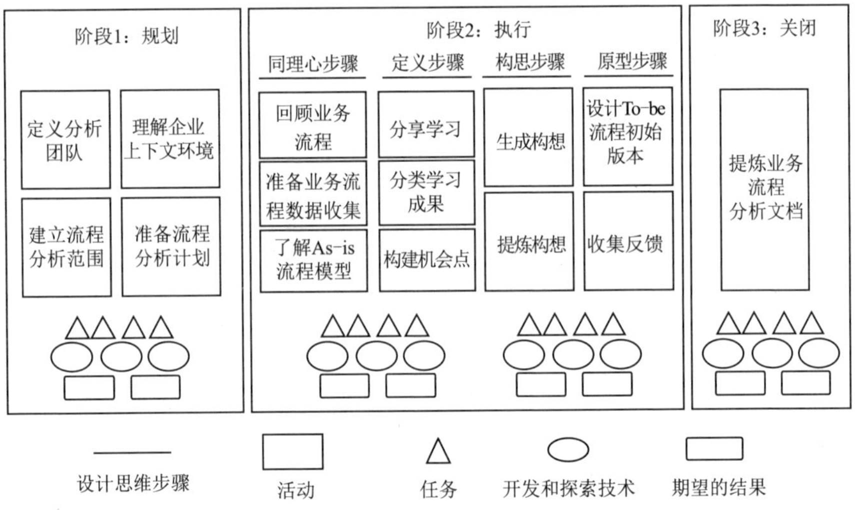

图 12-1　集成开发和探索思维的业务流程分析

来源：https://www.researchgate.net

整个流程设计过程分为规划阶段、执行阶段和关闭阶段。规划阶段，定义了分析团队。首先，需要了解业务环境，并收集组织和业务流程的战略信息。其次，在这项活动中，重要的是评估内部和外部环境。内部视图展示当前业务现状视图及组织面临的问题，外部环境探索创新情景、技术和市场趋势。最后，由参与者确定业务分析范围并制订流程分析计划。本阶段建议采用与利益相关者的会议、访谈和优化项目案例研究等设计开发技术评估企业内外部环境，使用头脑风暴等探索性技术确定业务流程分析的范围。

执行阶段指导团队对业务流程进行分析。在此阶段，将以整体的方式分析业务流程。客户和用户的积极参与是成功开展流程分析的关键，该阶段的结构遵循设计思维的步骤：同理心、定义、构思和原型。同理心步骤是深入理解客户目标、痛点和期望的目标、互动与体验。在定义步骤中，分析团队执行以下活动：共享学习、分类学习成果和改变业务流程机会点。为了执行定义步骤阶段的这些任务，团队可以应用石川图（开发性技术）以及用户旅程和亲和力图（探索性技术）等工具开展。在构思步骤中，参与者创建并完善可由业务流程机会点实施的想法。在原型步骤中，团队准备一份改进或创新机会列表，并设计未来业务流程模型的原型。

最后，关闭阶段涉及对流程收集的数据进行审查、组织学习、见解、机会点构思等，以生成业务流程设计文档，本文档通过结合使用开发性和探索性思维的技术，支持改进和设计新的流程。

12.5.3　二元 BPM 策略与绩效

业务流程二元性被认为是业务流程效率和灵活性的动态平衡，其主要目的是对业务流程绩效产生影响。业务流程绩效可以沿着成本、时间和质量的维度进行表征：成本维度反映了传统的效率或生产力导向的绩效观点；随着时间的推移，能够快速灵活响应不断变化需求的价值通过时间维度得到体现；质量维度涵盖客户导向和通过业务流程实现差异化的可能性。业务流程绩效可以看作一种绝对或相对的衡量标准，在高度动态的业务环境中，快速调整业务流程以适应不断变化的客户需求并实施创新技术对于业务流程绩效的达成非常重要。

组织可以被视为一组相互关联的业务流程，这些业务流程显著影响组织战略和绩效。业务流程是从组织和IT资源中产生的业务价值载体，可定义为活动在时间和空间上的特定顺序，有开始、结束以及明确的输入和输出。业务流程绝大部分是通过使用IT资源实现的，例如，企业信息系统或BPM平台。在信息系统环境中，二元性被概念化为信息系统能力的一个维度。研究指出，二元BPM对于业务流程与IT之间高度协调提出了更高的要求，以及IT作为业务流程促成因素的作用也在凸显。此外，开发性和探索性IT能力对组织敏捷性有积极影响。因此，流程IT二元能力在业务价值的创造过程中起着越来越重要的作用。

组织开发和探索能力不同策略的结合可以促进组织创新，同样的，开发性和探索性流程IT能力的不同结合策略对组织绩效也会产生不同的影响。类似于组织二元性中开发性和探索性的结合策略，流程IT二元能力可以区分为平衡维度策略和组合维度策略。第一种策略侧重于探索性和开发性流程IT能力之间的平衡。流程IT二元性的平衡维度定义为开发性流程IT能力和探索性流程IT能力之间的平衡匹配，追求平衡战略的基本逻辑是降低业务流程IT管理中的风险。有研究表明，探索性和开发性流程IT能力之间的平衡会影响业务流程绩效的结果。过分强调开发性流程IT能力的企业，即在任务自动化和数据集成方面投入巨资的企业，将来面临与当前业务流程实施联系太紧密的风险。高水平的开发性流程IT能力表明，业务流程在很大程度上受到IT的支持以及用于业务流程自动化的数据集成，这使得企业能够实施高性能的业务流程。但是，如果没有充分投资于探索性流程IT的能力，它在外部环境变化的情况下可能变得过于僵硬，在这种情况下，企业无法调整其高性能业务流程以适应变化的市场需求，从而使这些业务流程过时，并危及未来的盈利能力和利润的可持续性。相反，更高层次的探索性流程 IT 能力表明，重点在于识别和采用创新的 IT 资源，这些资源有可能在未来支持业务流程。探索性流程 IT 能力可被视为数字化转型的选项，在动态环境中尤为重要。尽管有这些好处，但强调探索性流程 IT 能力的企业往往无法经济地运营其业务流程，由于需要不断调整其业务流程，因此很可能没有时间进行流程协调或优化。实际中，以效率为导向的开发性流程 IT 能力被认为是利用具有高水平业务流程探索性能力的一项基本要求。所以，二元 BPM 在流程效率上通过开发式和探索式流程 IT 得到了改善。

第二种策略，即流程 IT 二元性的组合维度，组合维度被定义为开发性和探索性流程 IT 能力的绝对规模。有研究表明，探索性和开发性流程 IT 能力之间的组合程度也会影响业务流程绩效的结果，该研究建立在资源和能力互补的概念之上，其假设开发性和探索性流程 IT 能力竞争不同的资源。探索活动所需技能包括对业务和市场的广泛与创造性理解，以及对最近技术创新的概述。相反，开发活动所需的技术包括已实施系统和业务流程细节的更深入、更技术的知识，以及使用已部署的资源优化和改进业务流程。可以确定的是探索性和开发性流程 IT 能力之间具有协同效应。例如，拥有强大的探索性流程 IT 能力的企业以高度灵活的应用程序平台的形式，允许集成新的技术组件，并快速调整业务流程的实施，从而以更少的工作量实现开发性流程 IT 功能，例如自动化或集成机制。与此类似，高水平的开发性流程 IT 能力通常意味着高水平的接口、数据类型和其他文档，这是自动化任务、控制流和数据流所必需的，这种情况可以实现以较少的努力追求探索性流程与 IT 能力。

另外，企业规模也会影响二元业务流程 IT 策略的选择，从而影响对业务流程绩效的改进效果。企业规模被认为是组织缓冲的一个指标，即可利用的流程IT资源。缓冲程度越大，即可利用的流程IT资源越多，拥有闲置IT资源的大企业不会受到开发性和探索性流程IT能力之间不平衡的威胁，所以流程IT组合策略对大型企业更有利。与之相反，对于较小的企业，重要的是要关注正确的平衡，因为总体资源是有限的，所以流程IT平衡策略预计对较小的企业更有利。

流程不确定性对于二元流程IT能力策略的选择和业务绩效也具有重要意义。流程不确定性的概念反映单个业务流程的外部环境或者组织不确定性。流程不确定性越高，越难以预测执行特定流程所需的确切任务和资源。环境不确定性的潜在来源是客户行为和外部环境的变化，在不太动荡的市场环境中运营的企业有稳定的流程适应频率，但在高度动态的市场环境中，企业对流程IT探索能力的要求将变高。所以，企业在流程高度不确定的情况下，将流程灵活性作为业务流程绩效的预测指标更为重要，这意味着，在流程不确定性较低也就是流程比较稳定的情况下，实施开发性业务流程IT能力的风险较低，导致追求平衡策略的收益较低，而采用组合维度对业务流程绩效有积极的影响。

互动小知识

客户流程管理工具介绍

工具 1：用户画像

用户画像使用人物角色理解客户，人物角色是虚构的角色，代表可能使用企业产品的不同角色。用户画像可以传达客户在使用产品的上下文环境中面临的问题和使用产品的关键触发因素，也可以通过捕捉丰富、简洁的信息激发伟大的产品创新。

工具 2：同理心地图

同理心地图可以用于表达企业对特定类型客户的了解，是一种通过可视化客户态度和行为的方法实现客户需求的分析工具。同理心地图可以将客户的知识具体化，以便创建对客户需求的共享理解和帮助企业进行决策。同理心地图在敏捷团队和设计团队中被广泛使用。

工具 3：客户旅程

客户旅程地图讲述客户经历的故事：从初次接触，形成契约，到进入一个长期合作关系，它关注用户与企业的关键互动行为，并讲述客户的感受、动机以及每一次互动活动遇到的问题。客户旅程地图可以关注客户故事中特定的部分，也可以给出一个完整客户体验的全貌。

工具 4：用户故事地图

用户故事地图是一种在需求拆分过程中保持全景图的分析技术，目的是既见树木又见森林。用户故事地图聚焦故事的整体，而不是过早纠缠需求细节，在看到需求全景图的同时，逐层进行细节拆分。用户故事地图已经成为敏捷需求规划中的流行方法。

致　谢

在这个灿烂的春天，终于完成了书稿。这本书的成稿历经一年的时间，内容经过了反复修改和打磨。疫情的出现在很大程度上加快了我们生活和工作的数字化进程。我们习惯了方便快捷不受时间和空间约束的视频工作会议，习惯了全球在线培训模式，习惯了和朋友们的云聚会，习惯了网络浸入式团队游戏……所以在未来，每个人可能真的会拥有自己在物理世界和数字世界的双生工作与生活，这样想，心里突然感觉变得更加光明了。

在写书的期间看了很多文献，学者们对于数字化时代的转型已经做了很多前沿的研究。本书的很多观点是站在“巨人肩膀”上的，这些前沿的观点是本书的宝藏来源。读文献的过程中，突然感觉自己来到另一个世界。这个世界是跳出业务实践的世界，是从更高的角度思考业务实践的世界。这个世界明确地指出专业领域面临的困境，也雄心勃勃地给出了未来的发展方向和趋势。在每天工作和写书的过程中，突然发现自己也是沉浸于理论与实践的双生生活，而且有时候在这两个世界中转换还特别困难。不知道未来的数字孪生世界会不会也分不清楚现实世界和虚拟世界。

我一直向往的写书情景是类似面朝大海春暖花开的那种轻松画面，但实际却是只能待在家里于昏黄的台灯下努力敲打键盘。画面的反差虽然很大，但也发生了很多温馨的故事，家人的无私奉献和支持是这本书成稿的最大原因之一。家人们将琐碎的日常生活照顾得无微不至，就连八岁的儿子也会关注妈妈的写作进展，时不时问一下今天什么时候可以结束。感谢家人们的默默付出，你们的支持是我最大的动力！写书过程中，也得到很多老师、同事和朋友们的帮助。感谢陈志强博士为本书写序言！感谢 Monod 教授在成书过程中给予的学术帮助！感谢出版社编辑老师给的建议！感谢秋叶团队老师们的无私帮助！感谢所有生活和工作中可爱的人们。在这个特殊的时代加油，保重！

张燕飞

2022 年 4 月 6 日